FEMMES REBELLES D'ALGÉRIE

Coordination Claude Charbonneaux

Maquette Line Roux-Calviera

Imprimé en France
ISBN : 2 - 7082 - 3194 - 4

FRANÇOISE GERMAIN-ROBIN

FEMMES REBELLES D'ALGÉRIE

Photos
NADIA BENCHALLAL
&
JOSS DRAY

LES ÉDITIONS DE L'ATELIER
et
LE TEMPS DES CERISES

« Quand je vois, ce jour-là comme chaque jour, le courage de ces femmes, je me dis : Khalida, il y a de l'espoir ! »
(Khalida Messaoudi, p. 81)
Alger, 1994

À mes enfants

LES RACINES DE LA TOURMENTE

Jamais l'Algérie n'a été si lointaine. Jamais les Algériennes n'ont été si proches. Cette réflexion m'est venue cet automne. Une jeune Algérienne de mes amies revenait d'Alger pour la rentrée universitaire. Elle est artiste, et l'intégrisme interdit l'art. Pas seulement avec des décrets et des *fatwas*, mais en tuant ceux qui l'enseignent et en chassant ceux qui l'apprennent. Le directeur de l'école des Beaux-Arts d'Alger est tombé sous leurs coups en mai 1994. Son fils, qui volait au secours de son père, a été, lui aussi froidement abattu.

Parce qu'il n'y avait plus, depuis juin 1995, de vols directs entre Paris et Alger, mon amie avait mis plus de vingt heures pour regagner Paris. Cela vous met l'Algérie à l'autre bout du monde. Aussi loin que l'Australie. Dans une autre hémisphère, en somme. Et pourtant, jamais l'Algérie ne nous a paru aussi proche. Douloureusement proche. Comme en d'autres temps. Je fais partie de cette génération qui est venue à la conscience politique en plein milieu de la guerre d'Algérie. Dans mon collège, à Rochefort-sur-Mer, ville militaire depuis Colbert, les nombreuses filles d'officiers attendaient avec angoisse les nouvelles de ce qu'on appelait officiellement « les événements ». Moi, je vivais ces mêmes événements sur le mode de l'espoir : celui de la libération d'un peuple pour lequel j'avais pris fait et cause. Sans doute avec romantisme, mais surtout par conviction que tout système par trop injuste est un jour ou l'autre voué à l'échec. Même si cela prend longtemps, trop longtemps. Mes humanités grecques et latines m'avaient déjà appris que les empires meurent aussi...

Aujourd'hui, l'angoisse a changé de camp. Et je ne serais pas loin de basculer dans le pessimisme le plus noir pour l'avenir de l'Algérie, s'il n'y avait ses femmes. C'est elles, tout le monde en convient, qui portent le plus haut aujourd'hui le flambeau de la liberté. Et cela nous parait d'autant plus extraordinaire, vu de ce côté-ci de la Méditerranée que ces voix sont celles de musulmanes. Des femmes musulmanes revendiquant la liberté, l'égalité, le droit à la parole, à la modernité et au bonheur sur terre : voilà bien une révolution. Car il faut bien le reconnaître : le monde musulman, de l'Algérie au Bangladesh en passant par l'Arabie Saoudite et l'Iran, offre aujourd'hui un tableau général affligeant en matière de droits des femmes. Pourtant, il existe des différences notables d'un pays à l'autre. Entre la Tunisie et l'Algérie, comme entre l'Arabie et la Palestine. C'est que les traditions religieuses sont sujettes à variations dans l'espace comme dans le temps. L'un des drames actuels du monde musulman se situe précisément dans un regain de « fondamentalisme » étroit, c'est-à-dire de retour strict au texte du Coran qui exclut toute interprétation, toute réflexion critique, toute adaptation. Ce qui n'a pas toujours été le cas dans l'histoire de cette religion et notamment pendant les périodes les plus florissantes de l'empire omeyyade. Faute de maîtriser le présent, désespérant de l'avenir, le fondamentalisme s'identifie au passé et se raccroche à des mots inébranlables puisque sacrés, ceux du Coran.

Que cherchent à voir ces femmes au-delà du coucher de soleil, au-delà de la mer ?
Alger, 1992. Quartier de Fort-de-L'eau.

Voilée à l'iranienne, à l'ombre de murs…
Alger, 1994.

L'ISLAM OU LA SOUMISSION DES FEMMES

Le mot islam signifie soumission : devenir musulman, c'est accepter de se soumettre corps et âme à un Dieu que l'on désigne sous le nom d'Allah, s'engager à suivre les prescriptions et les enseignements qu'il a transmis aux hommes et aux femmes, ses créatures, par l'intermédiaire de son prophète : Mohamed (on l'a longtemps désigné en Europe sous le nom de Mahomet et l'on appelait alors les musulmans du nom de mahométans). Obéir à Allah, se soumettre à ses volontés, suivre scrupuleusement les règles de vie qu'il a édictées, c'est à la fois s'assurer le bonheur terrestre, dans une société humaine bien ordonnée, et le paradis après la mort. Le symbole de cette soumission est répété cinq fois par jour lors de la prière, au cours de laquelle le fidèle se prosterne à plusieurs reprises jusqu'à terre [1].

Les prescriptions de l'islam sont contenues dans un texte dicté par Dieu : le Coran, qui signifie « récitation ». À ce texte, transcrit de la parole divine - Dieu s'exprimant en langue arabe - s'ajoutent les « paroles » du prophète (les *hadiths*), c'est-à-dire les conseils et les recommandations qu'il aurait faites à ses fidèles et à ceux qui venaient le consulter. J'écris « aurait » car il existe des versions différentes de ces *hadiths*. De la même manière les faits et gestes accomplis par Jésus, diffèrent sensiblement - du moins dans le récit de certains détails - selon qu'ils sont rapportés par l'un ou l'autre des quatre évangélistes (Luc, Jean, Marc et Mathieu).

Religion de soumission pour l'homme, l'islam l'est doublement quand il s'agit de la femme. Non seulement elle doit se soumettre à la

1. Toute religion suppose par définition la soumission à Dieu et chaque rite comprend des gestes symbolisant cette soumission. Dans la religion juive, le fidèle incline la tête de manière rythmée pendant la prière. Dans la religion chrétienne, il se met à genoux.

volonté de Dieu, mais aussi à celle de l'homme. Les textes sont à cet égard parfaitement clairs : la femme est dévolue au contentement et au plaisir de l'homme. « Parmi Ses Signes, Dieu a créé pour vous, tiré de vous des épouses afin que vous reposiez auprès d'elles », dit la sourate XXX du Livre des Romains. Être le repos du guerrier est bien sa fonction principale, avec celle, corollaire, de faire des enfants, ce qui lui vaut, toujours selon le Coran, droit au « respect » et à une « récompense », voire même à une rétribution si elle les nourrit de son sein. Mais elle n'est absolument pas l'égale de l'homme. Lorsqu'ils affirment que l'égalité entre les sexes est contraire à la révélation coranique, les intégristes ne font que suivre le texte à la lettre. « Les hommes ont autorité sur les femmes en vertu de la préférence que Dieu leur a accordé sur elles et à cause des dépenses qu'ils font pour assurer leur entretien », est-il écrit.

Géraldine Brooks, journaliste américaine, auteur d'un livre sur les femmes dans l'islam [2] note avec pertinence que Mohamed n'a eu une telle « révélation » que plusieurs années après la mort de Khadidja, sa première épouse, une riche marchande mecquoise de quinze ans son aînée, qui le choisit et l'épousa alors qu'il n'était qu'un employé, certes de noble tribu, mais pauvre et analphabète, travaillant dans son magasin. Khadidja fut pendant vingt-quatre ans sa seule épouse. Ce n'est que six ans après sa mort qu'il eut la révélation divine que les musulmans pouvaient avoir plusieurs femmes : quatre, dit le Coran, pour un simple mortel. Mais le prophète lui-même en eut une bonne dizaine, plus quelques concubines, sans parler des esclaves. Plusieurs de ses épouses furent les veuves de ses compagnons morts au combat, épousées par charité. Éclectique, il eut parmi ses femmes une copte (Marie) et deux juives. La plus aimée de toutes fut, dit-on, Aïcha. Elle avait neuf ans quand il l'épousa. Même si l'état civil, dans l'Arabie profonde du VIIe siècle, était fantaisiste – les années étaient, dit-on, rythmées par la pluie et il pouvait ne pas pleuvoir pendant deux ans – Aïcha était très jeune, encore une enfant Une enfant intelligente et qui n'avait pas sa langue dans sa poche ; elle fit remarquer un jour à son auguste époux que son Dieu se montrait fort complaisant à son égard : les

2. *Les femmes dans l'Islam, un monde caché* - Belfond, 1995.

commandements qu'il lui transmettait tombaient toujours à point nommé pour arranger ses affaires et le tirer d'embarras. Ainsi en fut-il lorsque Mohamed eut la révélation que le musulman ne devait pas adopter d'enfant qui ne fut la chair de sa chair. Le prophète venait de tomber amoureux de Zineb, épouse de son fils adoptif Zaïd, qu'il avait vue dans le plus simple appareil en rendant visite à ce dernier. C'est sans doute à la belle Zineb qu'on doit la sourate qui demande de ne s'adresser aux épouses du prophète que « derrière le voile » (*hidjab*) [3]. Encore est-elle ambiguë puisqu'elle dit : « Quand vous demandez quelque objet aux épouses du prophète, faites-le donc derrière un voile. Cela est plus pur pour vos cœurs et pour leurs cœurs ». Littéralement, ce peut tout aussi bien être l'homme que la femme qui se trouve derrière le *hidjab*. Encore ne s'agit-il que des épouses du prophète, pas de toutes les femmes. Aux croyantes, il demande simplement d'être « vêtues modestement » et de « voiler leurs poitrines ».

Il n'empêche que ce texte - le seul qui mentionne le voile dans le Coran - a servi et sert encore de prétexte à imposer foulards, voiles et autres masques à des millions de femmes dans le monde.

3. *Hidjab* signifie voile, rideau.

La mère s'est voilée avant de sortir. Pas la fille. Même intensité des regards.
Alger, 1994.

L'HOMME QUI AIMAIT LES FEMMES

Aucune ambiguïté, par contre, en ce qui concerne la polygamie. Elle est inscrite en toutes lettres dans le Coran qui y revient à plusieurs reprises. « Prenez, comme il vous plaira, une, deux, trois ou quatre femmes. Mais si vous craignez de n'être pas équitables, prenez une seule femme ».

Nombre d'exégètes affirment que le prophète, s'il pratiquait lui-même la polygamie, le faisait uniquement pour des raisons politiques (nouer des alliances utiles à l'expansion de l'islam, à l'union des musulmans et à la bonne intelligence avec les deux autres religions du livre : le judaïsme et le christianisme), mais qu'il déconseillait cette pratique à ses fidèles. Il est vrai qu'il est écrit dans le Coran : « Vous ne pourrez être parfaitement équitable avec vos épouses, même si vous en avez le désir ». Mohamed lui-même semble avoir eu beaucoup de mal à se montrer parfaitement juste à l'égard de ses épouses qui n'hésitaient pas, parfois, à lui en faire le reproche. Bien qu'il respecta scrupuleusement l'ordre des visites nocturnes qu'il leur faisait à chacune, il y avait des scènes de ménage chez le prophète. Las des querelles, il réunit un jour ses épouses et proposa à celles qui le souhaitaient de divorcer et de retourner dans leur famille (en gardant bien sûr pour elles le douaire qu'elles avaient reçu en l'épousant). Après mûre réflexion, elles refusèrent l'offre. Mohamed était sans doute un bon maître, le meilleur qu'elles puissent avoir à cette époque. Ne disait-il pas : « Le meilleur d'entre vous est celui qui est bon avec les femmes » ?

Il n'empêche que son exemple et sa parole vont tous les deux dans le sens d'une justification de la polygamie. Fondamentalistes et rétrogrades ont beau jeu de s'appuyer sur l'un et l'autre pour perpétuer cette pratique humiliante et inacceptable pour les femmes d'aujourd'hui comme pour celles d'hier. Les textes anciens ou modernes, sacrés ou profanes, sont pleins du malheur de la femme à qui est imposée une co-épouse. J'en donne pour exemple cette chanson berbère pleine de douleur contenue :

> « *L'étrangère est arrivée ; elle a pris sa place dans la maison.*
> *Ses tatouages ne ressemblent pas aux nôtres,*
> *Mais elle est jeune, elle est belle, exactement ce que souhaitait mon mari...*
> *Les nuits ne sont pas assez longues pour leurs jeux...*
> *Depuis qu'elle est là, la maison n'est plus la même.*
> *Comme si le seuil des portes et les murs boudaient.*
> *Peut-être suis-je la seule à le remarquer,*
> *Comme un mulet devant sa mangeoire vide.* »

Mohamed lui-même, père attentif, refusa à Ali son gendre une seconde épouse pour ne pas faire de peine à Fatima, sa fille chérie. « Je sais que ta demande est licite, mais ce qui fait de la peine à Fatima me fait aussi de la peine. C'est pourquoi je te dis non », répondit-il à son gendre, qui n'insista pas. Nos intégristes modernes feraient bien d'en prendre de la graine. Mais l'une des différences principales entre eux et Mohamed, c'est que le prophète était un homme qui aimait les femmes - dans tous les sens du terme puisqu'il revendiquait pour elles aussi le droit au plaisir - alors que les intégristes, apparemment, les craignent et les détestent à la fois.

En fait, tout est dans l'esprit qui préside à la lecture du texte. Le drame du fondamentalisme musulman est qu'il s'attache, comme son nom l'indique, à la lettre même du Coran, considéré comme un texte sacré, donc, par définition intouchable. Les intégristes, qui se réclament de ce fondamentalisme, récusent toute exégèse, toute interprétation (*ijtihad*) pourtant licite en islam et souvent pratiquée. Ils ne tiennent aucun compte du contexte historique, du fait que la prédication de Mohamed est intervenue dans une société de nomades et de marchands de l'Arabie ancienne dont les us et les mœurs étaient - devraient être plutôt - à des années lumière de ceux du XXe siècle : l'idolâtrie et l'esclavage y étaient répandus, les tribus passaient leur temps à se faire la guerre, et certaines pratiquaient les sacrifices humains. D'autres avaient pour habitude, en période de disette, de tuer les fillettes, que l'on enterrait vives dans le désert. Dans d'autres, au contraire, le matriarcat était à l'honneur : les hommes étant souvent absents (guerres et caravanes qui partaient pour de longs mois), les femmes constituaient l'élément stable de la société. Elles pouvaient, selon les tribus, avoir deux ou plusieurs maris (jusqu'à neuf), y compris des étrangers de passage. En cas de grossesse, elles seules pouvaient dire qui était le père de leur enfant. La filiation était matrilinéaire (déterminée par la mère).

Par la prédication coranique, dit l'islam, Mohamed réussit à mettre fin à ce « désordre » du « temps de l'ignorance ». Il réussit à unifier les mœurs de ces tribus, faisant du Coran à la fois un instrument de lutte politique (conquête du pouvoir), un modèle de société et un modèle éthique. Mais il utilisa aussi la force, d'abord pour défendre sa petite communauté de croyants, puis pour répandre l'islam. Une guerre dite sainte (*Djihad*) dès qu'il s'agit de traquer l'infidèle.

Utiliser la religion comme un moyen de conquête du pouvoir et de refonte de la société, en ayant, au besoin, recours à la force pour cela, les islamistes ne sont pas les seuls à l'avoir fait dans le passé. La chrétienté eut aussi son lot de conversions opérées au fil de l'épée, ses croisades et sa Sainte Inquisition, qui valaient bien la *Djihad*. On croyait ces temps et ces procédés révolus. Or, c'est exactement ce que font aujourd'hui les intégristes, en Algérie et ailleurs. Et cela rend la lutte des femmes algériennes d'autant plus difficile et exemplaire.

A la mosquée, lieu exemplaire, la mixité n'est particulièrement pas de mise.
Les femmes et les filles se retrouvent entre elles.
Mosquée de Sidi Abd el Hamman, 1994.

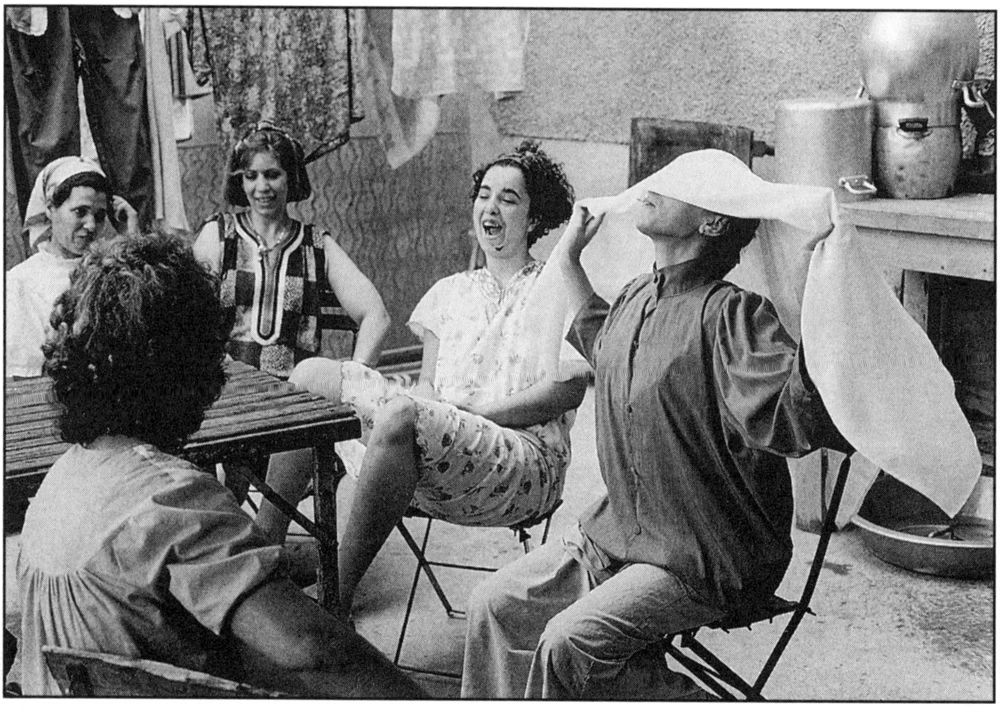

Porter le traditionnel voile blanc ou même revêtir le noir n'est pas toujours synonyme de soumission. Alger, 1992 (photo du haut). Kabylie, 1994 (photo du bas).

UNE TRÈS LONGUE TRADITION

Il ne faut pas pour autant s'imaginer que cette lutte date d'hier, c'est-à-dire, comme on essaie parfois de nous le faire croire, de la tentative - qui a failli réussir - de prise du pouvoir par le FIS lors des élections législatives de décembre 1991.

Toutes les Algériennes vous dirons la fierté qu'elles éprouvent en évoquant le souvenir de la Kahina, leur mère lointaine, restée dans l'histoire pour avoir résisté aux conquérants arabes qui déferlaient depuis l'Orient sur ce qu'on appelait alors l'Ifrikya (territoire correspondant à peu près à la Libye, la Tunisie, l'Algérie et le Maroc). Ils apportaient avec eux l'islam, le Coran et la langue arabe, qui finiraient pas être adoptés par les populations de ces régions. Mais au départ, il étaient d'abord des envahisseurs et furent perçus et reçus comme tels.

La Kahina, reine berbère des Aurès, réussit à unifier sous sa bannière les tribus sédentaires ou nomades de la région, alors profondément divisées tant du point de vue du mode de vie que du point de vue religieux (on trouvait des chrétiens, des juifs et des adeptes de religions beaucoup plus anciennes, idolâtres ou animistes). La Kahina, dit-on, était elle-même de confession juive, mais là n'est pas l'important. Il est d'ailleurs difficile de démêler en ce qui la concerne l'histoire et la légende. L'important, c'est que cette femme du VIIIe siècle devint reine et que cette reine réussit à défaire les armées arabes à Tébessa en 705, soit dix ans après la prise de Carthage par les cavaliers d'el Ghassani. Elle fut finalement vaincue, se suicida ou fut assassinée, selon les versions. Avant sa mort elle conseilla à ses fils de se convertir à la religion du conquérant dont ils devinrent de brillants lieutenants. Mais la résistance avait duré des années et la rebelle était, déjà, une femme de ce pays. Ce sont ces trois qualités : femme, chef et rebelle qui ont fait d'elle un modèle et un mythe. Un choix en lui-même significatif. Il l'est d'autant plus qu'elle se battait contre l'islam et l'arabisme, dont on a voulu faire les fondements exclusifs de la nation algérienne, avec le résultat que l'on sait.

Il y eut bien d'autres exemples de résistantes : Lalla Fatma, chef de guerre pendant l'insurrection kabyle de 1851 à 1857 contre l'occupation française, conduisit au combat plusieurs centaines d'hommes et de femmes qu'elle avait elle-même recrutés, formés et entraînés dans les montagnes de Kabylie. Faite prisonnière, elle mourut en captivité. Lalla Khadija Bent Belkacem, kabyle elle aussi, reprit le flambeau et prit part, les armes à la main, à la seconde révolte de 1871.

LES FILLES DE LA TOUSSAINT

Beaucoup plus près de nous, les femmes d'Algérie ont donné d'autres exemples de leur capacité de résistance et de leur courage. Je pense évidemment à la lutte d'indépendance déclenchée le 1er novembre 1954, jour de la Toussaint, dans laquelle elles prirent toute leur part, que ce soit dans les campagnes ou dans les villes.

Elles furent relativement nombreuses, compte tenu des mœurs et de la réclusion que leur imposait la tradition, à « monter aux maquis » ou à servir, dans les villes notamment, d'agent de liaison, d'informatrice, de porteuse de valises. Elles combattaient alors aux côtés des hommes, ayant fait voler en éclats le tabou de la mixité. Celles qui participèrent directement à des opérations armées sont peu nombreuses, mais on a tout de même compté jusqu'à 1 700 femmes dans l'ALN (Armée de libération nationale) pour près de 35 000 hommes. Toutes étaient très jeunes et plus de la moitié avaient moins de vingt ans. Certaines avaient pris le maquis avec un frère ou un mari, mais d'autres l'avaient fait à l'insu de leur famille.

Le nom de ces *moudjahidate*, qui connurent souvent la prison, la torture et le viol, est à jamais inscrit dans l'histoire de l'Algérie dont elles sont devenues des héroïnes. Citons seulement quelques-unes des plus célèbres, les « condamnées à mort de Barberousse » (toutes furent heureusement graciées) dont l'histoire a fait l'objet d'un film de Hassan Bouabdallah : Djamila Bouhired, Djamila Bouazza, Baya Hocine, Djohar Akroun, Zahia Kerfallah et Jacqueline Guerroudj, dont le mari était lui-même condamné à mort [4].

4. Leur fille, Djamila Amrane, elle-même résistante et arrêtée à l'âge de dix-sept ans, a écrit l'histoire de ces femmes et de leurs luttes dans le livre, *Les femmes algériennes dans la guerre*, publié chez Plon en 1991. Jacqueline Guerroudj a publié pour sa part ses mémoires de condamnée à mort pour l'exemple. Son ouvrage, très émouvant, préfacé par Abdel Hamid Benzine, directeur d'Alger Républicain, s'intitule *Des douars et des prisons* (Éditions Bouchene / Le Temps des Cerises 1993)

Que sont devenues ces femmes, ces jeunes filles, qui avaient contribué à la libération de leur pays ?

Aucune n'a, par la suite, occupé de fonctions importantes dans la direction des affaires politiques. Elles sont retournées dans leur foyer, ont fondé une famille, ont parfois exercé une profession. Pendant près de vingt ans, on n'a plus parlé d'elles que dans les livres d'histoire. On ne les a plus vues que deux fois par an, lors des célébrations officielles : celle de la journée internationale des femmes, le 8 mars, scrupuleusement célébrée chaque année, et celle du 1er novembre, début de l'insurrection à laquelle elles avaient si activement contribué. Il a fallu attendre 1981 pour qu'elles surgissent du silence et occupent à nouveau la rue, prêtant main forte à leurs filles en danger : cette année-là, le président Chadli tentait de faire passer à l'Assemblée nationale un Code de la famille directement inspiré de la *Charia* islamique. Il légalisait le statut de mineure qui est traditionnellement celui de la femme algérienne. La mobilisation des *moudjahidate*, aux côtés de la nouvelle génération des femmes démocrates et progressistes qui s'y opposaient, réussit momentanément à empêcher son adoption. Mais le pouvoir n'avait fait que reculer pour mieux sauter : le Code dont souffrent tant aujourd'hui les femmes d'Algérie devait finalement être adopté en 1984. Nous en reparlerons.

Que s'était-il passé ? Comment expliquer une telle stagnation apparente, voire un tel recul ? Au niveau des principes pourtant, tout semblait couler de source. Les textes fondateurs de la République algérienne (constitutions), les textes programme du FLN, proclament tous l'égalité de l'homme et de la femme. La Constitution, bien qu'elle proclame l'islam « religion d'état », proscrit « toute discrimination fondée sur des préjugés de sexe » et garantit à la femme les mêmes droits politiques, économiques, sociaux et culturels qu'à l'homme. La nécessité de sa participation à la construction du pays, à l'effort de développement, sont dans tous les discours du président Boumediene. Une « organisation de masse », l'UNFA (Union nationale des femmes algériennes) existe depuis 1963 pour les mobiliser à cette tâche.

La Charte nationale, adoptée par référendum à une écrasante majorité en 1976, affirme : « La révolution algérienne resterait en deçà de ses objectifs si les millions de femmes qui constituent pour la société un immense potentiel de changement n'étaient résolument intégrées dans son processus ». Mais la réalité restait fort éloignée du discours. Dans le domaine de l'intégration des femmes à

En protestation contre le FLN, le FIS, le terrorisme, l'armée, chaque jour, depuis des mois, cette moudjahidat *accroche son drapeau devant sa maison.*
Alger, 1994.

la vie économique et politique du pays, les choses avançaient certes, mais avec une lenteur désespérante. La proportion des femmes au travail n'a que peu progressé au cours des dix premières années d'indépendance, suivant à peu près la courbe démographique, d'ailleurs galopante. En 1977, on comptait seulement 6 % de femmes dans la population active (138 234), 7 % en 1982 (244 787) et 8,5 % en 1990 (360 000), soit la proportion la plus faible du Maghreb.

En matière de participation à la représentation politique - qu'elle soit locale ou nationale - les choses ne sont pas allées beaucoup plus vite. En 1980, les femmes représentaient 1 % des élus municipaux et 3 % des élus régionaux. Il n'y avait que dix femmes à l'Assemblée nationale en 1981, lors du premier débat sur le Code de la famille. Depuis lors, plusieurs ont accédé à des fonctions gouvernementales ou de représentation nationale. L'une d'entre elles, Leila Aslaoui, a même été porte-parole du gouvernement. Mais d'une manière générale, les femmes ont encore une place marginale dans les institutions. Elles aspirent pourtant de toutes leurs forces à participer à l'ensemble des domaines de la vie sociale. Une étude effectuée en 1980 par Hélène Vandevelde[5] montre que l'immense majorité d'entre elles, instruites ou analphabètes, habitant la ville ou la campagne, considèrent le travail féminin comme un moyen de libération et souhaitent pouvoir exercer une activité professionnelle. Le fait d'être confinées dans leurs foyers est vécu comme une frustration. Dans les villes, seules 23 % des femmes s'en disent satisfaites et 33 % dans les campagnes.

Hélène Vandevelde cite une femme de quatre-vingt-dix ans qui livre en quelques phrases l'amertume de toute une vie perdue : « Je n'ai rien goûté. Je suis venue comme ça dans les ténèbres et je vais repartir dans les ténèbres. Je regrette de ne pas être jeune pour pouvoir aller à l'école et ensuite, vivre comme j'aurais aimé. J'aurais choisi mon mari et fait ma vie selon moi.» Des études menées en 1994 montrent qu'en dépit de la poussée intégriste, cette double aspiration à posséder un métier et à décider de sa vie n'a pas diminué. Elle est même partagée par celles qui portent le *hidjab* et se disent « sœurs musulmanes ». Ce n'est donc pas par choix délibéré que tant d'Algériennes sont encore aujourd'hui des femmes au foyer. Sur le chemin de leur rêve d'émancipation, les obstacles ont été et sont encore nombreux.

5. *Femmes algériennes*, Publications universitaires, Alger.

SOUS-DÉVELOPPEMENT ET ANALPHABÉTISME

Historiquement, les deux principaux obstacles furent le sous-développement et les traditions. Le sous-développement, au sortir de la guerre d'indépendance, est terrible. Le pays n'a pas d'industrie, exceptée l'industrie pétrolière qui reste aux mains de l'ancienne puissance coloniale et y restera jusqu'en 1973. Dans les campagnes, où vit encore les trois quart de la population, les seules femmes actives sont les paysannes qui travaillent durement et sont davantage considérées comme des bêtes de somme que comme des êtres humains : c'est elles qui font les corvées de bois de chauffe et d'eau, subissant là un véritable esclavage domestique. De ce point de vue, l'électrification et l'usage du gaz butane seront deux révolutions dont on a du mal à mesurer la portée dans la vie des femmes.

En ville les femmes « indigènes » n'occupaient guère, durant la période coloniale, que des emplois de domestiques. Cette possibilité disparaît avec le départ des colons et des pieds-noirs chez qui elles étaient employées. Les besoins de main-d'œuvre ne manquent pas, pourtant, dans l'administration et dans les services (poste, téléphone, santé, enseignement), délaissés par les employés français. Mais le problème numéro un, c'est l'analphabétisme et l'absence totale de formation professionnelle des filles : à l'indépendance, 96 % des femmes sont analphabètes. Seules ont fréquenté « l'école française » les filles des couches les plus aisées. Il y avait vingt-deux étudiantes « indigènes » à l'université d'Alger en 1954. En 1962, première année d'indépendance, 1 800 jeunes filles s'y inscrivent. Elles seront 2 200 en 1968, 15 000 en 1980, 32 300 en 1984.

Certes, l'effort de scolarisation et d'éducation accompli en vingt ans, pour les filles comme pour les garçons, est considérable. Des centaines d'écoles, de lycées, d'universités ont été créés, maillant tout le pays, jusqu'aux confins du Sahara. On a puissamment incité les familles à envoyer les filles à l'école, ce qui était d'autant plus difficile à faire admettre aux familles traditionnelles que la règle a été, dès le départ, la mixité.

Le taux de scolarisation des enfants entre six et treize ans (correspondant à ce qu'on appelle en Algérie l'école fondamentale, soit un cycle primaire un peu plus long que le nôtre) est passé de 49 % en 1966 à 86 % en 1985. Mais avec une disparité persistante entre filles et garçons : en 1985, 72 % de filles de cette tranche d'âge étaient scolarisées, contre 90 % des garçons. Dans le secondaire la proportion de filles descend à 41 % et à 33 % dans le supérieur, alors que les femmes représentent près de 52 % de la population totale. Quant à l'enseignement professionnel, les filles y représentent à peine un quart des effectifs, ce qui en dit long sur la méfiance des familles à l'égard du choix d'un métier pour leurs filles... La déperdition scolaire féminine, si elle a diminué, reste donc élevée. La principale raison de cet état de fait préjudiciable à la société toute entière est à rechercher dans les traditions qui attribuent par avance à la fille un destin tout tracé : être épouse, mère et tenir son foyer.

LE POIDS DES TRADITIONS

« Une femme, dit la tradition algérienne, ne devrait sortir que trois fois dans sa vie : du ventre de sa mère à sa naissance, de la maison de son père pour son mariage et de celle de son mari pour son enterrement. »

On n'en est évidemment plus là depuis longtemps. Mais il reste encore dans nombre de familles des traces profondes d'une telle mentalité. Si les fillettes peuvent aller normalement à l'école, les choses se gâtent quand elles deviennent des jeunes filles. Dès qu'une fille est nubile, il est bon, aux yeux de bien des pères, qu'elle reste à la maison. Cela explique la différence considérable que l'on observe entre le taux de scolarisation des filles à l'école primaire et dans le secondaire. Celui-ci tombe brutalement de 72 % à 41 % entre douze et treize ans. La césure correspond à peu près à l'âge de la puberté. C'est celui où une majorité des filles, notamment dans les couches les plus modestes, rentrent à la maison. Elles y attendront un mari - souvent choisi par leurs parents dès leur petite enfance parmi les cousins ou les voisins - et aideront leur mère dans les tâches ménagères, s'occupant notamment de leurs nombreux frères et sœurs : n'oublions pas que le taux de natalité en Algérie est encore un des plus élevés du monde arabe et que la famille moyenne compte à peu près cinq enfants par couple.

Écoutons Malika Mokeddem, écrivain algérienne, auteur du roman récemment paru *Des rêves et des assassins* [6], nous parler de son propre vécu de petite fille pauvre née au pied d'une dune, dans une famille traditionnellement nomade, sédentarisée quelques années seulement avant sa naissance.

---

6. *Des rêves et des assassins*, ouvrage paru en septembre 1995 chez Grasset est le quatrième roman de Malika Mokeddem. Elle a également écrit *Les hommes qui marchent* (1991), *Le siècle des sauterelles* (1992) et *L'interdite* (1993).

« Mes nombreuses fratries m'ont volé mon enfance, dit-elle. Mes premiers actes de résistance ont été contre les grossesses de ma mère : elle a eu treize enfants dont je suis l'aînée et dont dix sont vivants. A onze ans, j'ai commencé à refuser de m'occuper de mes frères et sœurs. Je plongeais dans un livre et je n'entendais plus rien. »

Malika Mokeddem, devenue médecin avant d'être écrivain, a bien failli, elle aussi, être retirée de l'école à la fin de son cycle primaire. Pourtant, bonne élève, elle avait obtenu une bourse d'études. Mais il fallait aller à Béchar, ville la plus proche, près de la frontière marocaine, pour continuer, et son père se méfiait de cette ville qui pouvait lui voler sa fille, ou pire encore, lui apporter le déshonneur. « Il a fallu, raconte-t-elle, que mon institutrice - une militante communiste française - le convoque et insiste auprès de lui pour qu'il accepte de m'inscrire en sixième. Elle savait que mon père était un *moudjahid* et elle a su toucher en lui la corde sensible du patriotisme. Je me souviens encore de ses paroles : " Il est encore plus difficile, lui a-t-elle dit, de combattre les idées des siens que de prendre un fusil pour tirer sur l'ennemi. Faire de la résistance, c'est bien, mais il faut voir plus loin, construire l'avenir et pour cela, il faut envoyer ses enfants à l'école ", rapporte-t-elle ».

Paroles ô combien clairvoyantes : cette institutrice d'un douar perdu du Sahara algérien prédisait déjà, en 1961, que les plus grandes difficultés dans la construction d'une Algérie vraiment libre, moderne et démocratique, viendraient des mentalités de ceux-là mêmes qui avaient lutté pour son indépendance. Pendant tout son cycle secondaire à Béchar dans l'ouest saharien, Malika Mokeddem vit les autres fillettes algériennes, ses compagnes, une à une retirée de l'école pour être mariée. « En quatrième, se rappelle-t-elle, il ne restait plus que moi. » Elle se souvient aussi qu'à cette époque, déjà, les prémices de l'idéologie islamiste étaient présentes. « Quand j'étais en sixième, c'est-à-dire dès la première année de l'indépendance, il y avait des enseignants venus d'Égypte qui n'avaient pas grand chose de professeur d'arabe et qui passaient leur temps à faire de l'endoctrinement. Je me souviens d'un, en particulier, vers la fin des années soixante, dont les cours étaient des véritables prêches en faveur de l'état islamique, contre la mixité, contre les femmes. On avait importé un monstre, l'islamisme, qui grandissait dans notre sein et devenait de plus en plus exigeant. J'en veux beaucoup à Boumediene pour cela. »

« Malgré tout, dit-elle, il ne faut pas sous-estimer la considérable percée qu'a constitué pour les femmes algériennes, l'accès à l'éducation. À l'indépendance, il y a eu très vite l'école gratuite et surtout, obligatoire. On supprimait même les allocations familiales aux familles qui n'y envoyaient pas leurs enfants. Avec la médecine gratuite, ça a été une formidable percée pour les femmes. Je dirais même que c'est la percée décisive, la brèche qui fait qu'à mon avis on ne pourra pas revenir en arrière. Les nostalgiques de la femme voilée, enfermée, auront beau faire, le passé ne reviendra pas. Ils ne peuvent rien contre ce simple fait : dans l'Algérie du Code de la famille et de la *Charia*, il y a des centaines de femmes magistrats [7]. »

Pour bien des femmes et des jeunes filles, ce passé rejeté par Malika est encore d'actualité. On continue, aujourd'hui, à retirer des jeunes filles de l'école pour les marier contre leur gré. Même si c'est en principe illégal. Un fait divers a défrayé la chronique en France, il n'y pas si longtemps : c'était en 1988, cela se passait à Toulouse. Une jeune étudiante algérienne de 20 ans, Mansouria, que sa famille voulait marier à un cousin de Mostaganem, avait été enlevée par son frère aîné, droguée et emmenée de force en Algérie. Elle n'avait du qu'à la mobilisation de la famille de sa meilleure amie française et à la Ligue algérienne des Droits de l'homme - qui venait juste de voir le jour - d'être sauvée *in extremis* et libérée de sa famille qui la retenait prisonnière.

Mais pour une jeune fille sauvée, combien sont encore sacrifiées ? Combien sont en permanence épiées par les pères et les frères chargés de veiller sur leur vertu, de faire qu'elles ne soient pas « dévalorisées » aux yeux d'un éventuel prétendant par une conduite trop libre, des vêtements trop *sexy*, un maquillage trop provoquant. La virginité de la jeune fille est toujours, dans bien des familles, considérée comme leur capital le plus précieux. C'est aux hommes, mais aussi à la mère, de veiller à la préserver jusqu'au mariage. La pratique de la « preuve » - chemise ou drap sanglant de l'hymen

---

7. La *Charia* islamique interdit formellement aux femmes d'exercer le métier de juge, au prétexte qu'elles seraient trop faibles et trop émotives. Rappelons que, pour la *Charia*, le témoignage d'une femme vaut la moitié de celui d'un homme.

La blancheur du voile de la mariée ne se distingue pas des voiles traditionnels. Alger, 1992.

déchiré - que l'on agite à la fenêtre, la nuit de noce, existe toujours, aussi surréaliste que cela puisse paraître. Cela donne parfois des scènes tragicomiques : un ami m'a raconté comment, pour ne pas décevoir les parents réunis qui attendaient la fameuse chemise, il avait du se couper avec son rasoir. Sa mère insistait pour avoir *sa* tache de sang, alors qu'elle savait parfaitement que son fils, étudiant, vivait avec sa fiancée depuis des mois. Elle ne voulait pas, disait-elle « avoir honte devant la famille venue du bled ».

Le prix attaché à la virginité fait, à Alger et dans les autres grandes villes du pays, la fortune de quelques médecins qui se sont fait une spécialité de reconstituer les hymens déchirés. Une activité fort lucrative si l'on en croit les tarifs en vigueur et dont l'inflation rapide montre que la virginité reste une valeur sûre : il en coûterait, m'a-t-on dit, 30 000 francs aujourd'hui contre 10 000 il y a trois ans.

Il faut malheureusement reconnaître que les femmes elles-mêmes jouent un rôle non négligeable dans le maintien de traditions qui ont opprimé leurs mères et leurs grand-mères et qu'elles s'évertuent à imposer à leur tour à leurs filles et belles-filles. Ne leur a-t-on pas toujours répété qu'elles étaient les gardiennes des traditions et que leur seul rôle sur terre était d'en transmettre l'intégralité à la génération suivante ? Elles se font donc les propagandistes zélées d'une vision totalement machiste de la société, leurs garçons en étant les princes, et les filles les servantes. Une vision toujours présente et prégnante, surtout dans les campagnes et les petites villes. L..., une amie Kabyle avait beau se fâcher quand sa grand-mère cédait son fauteuil à son petit-fils âgé de quinze ans, la vieille dame persistait et répondait : « C'est un garçon, il est le préféré de Dieu ».

FEMMES KABYLES : LE PIRE DES STATUTS

Un proverbe kabyle le dit : « La situation de la femme, un chien n'en voudrait pas ». Preuve que pour être misogyne, on n'en est pas moins quelquefois, lucide.

Si je consacre ici quelques paragraphes à la Kabylie, c'est parce qu'il se dit toutes sortes de choses, chez nous en France, sur cette « Suisse de l'Algérie », où tout serait différent du reste du pays. Les femmes, notamment, y seraient plus libres et émancipées qu'ailleurs. La preuve, vous dit-on, elles ne sont pas voilées.

J'ai rencontré beaucoup de femmes de cette région, célèbres ou inconnues, humbles ou plus aisées, analphabètes ou diplômées d'université. Le tableau qu'elles dressent des mœurs encore en usage montre que l'on est encore parfois tout près d'un passé qu'a si brillamment décrit dans les années soixante l'ethnologue Germaine Tillion dans son ouvrage désormais célèbre *Le harem et les cousins*[8].

Elle y montrait, après de longues années d'études menées essentiellement en Kabylie, dans l'Ouarsenis, les Aurès et le M'zab, mais aussi dans divers autres pays méditerranéens, l'existence de pratiques communes à l'espace méditerranéen essentiellement basées sur le patriarcat et l'endogamie : « On garde les filles de la famille pour les hommes de la famille ». Les filles sont la plupart du temps mariées à un cousin, fils de l'oncle paternel, car il importe de rester dans la lignée agnatique (celle du père et de ses frères). Une manière, explique Germaine Tillion, de préserver à la fois « la pureté de la race », « l'honneur de la tribu » et de conserver intact son patrimoine puisque le douaire donné à la jeune fille

8. *Le Harem et les Cousins*, 1966, Seuil, collection l'Histoire immédiate.

par son futur mari restera de toutes façons dans la famille en cas de répudiation.

Aujourd'hui encore, des études récentes montrent que 22 % des mariages en Algérie se font entre cousins. Et la plupart du temps, il ne s'agit pas d'un libre choix ni pour les filles, ni pour les garçons, mais de se plier à une coutume. Avec cette différence que l'homme insatisfait de son mariage peut toujours répudier son épouse, en prendre une seconde, ou vivre hors du foyer une aventure sentimentale. C'est beaucoup plus problématique pour la femme. Elle peut en théorie demander le divorce à certaines conditions. Mais sachant que 95 % des Algériennes n'ont pas d'indépendance financière, que deviendra-t-elle ? Si elle revient chez son père, elle sera mal vue, méprisée, à condition encore d'être acceptée. Une amie de Tizi Ouzou me racontait récemment le drame vécu par sa sœur : malheureuse en ménage, battue par son mari, elle va chez son frère pour lui demander de l'accueillir chez lui. Il refuse de la pire des manières. « D'accord, dit-il, mais je ne veux pas de tes sales chiots. » Autrement dit, toi oui, mais pas tes gosses. La malheureuse n'a eu d'autre choix que de retourner chez son mari où elle continue d'être maltraitée. Ces histoires-là sont légion.

L'une des dernières chansons de Malika Domrane, chanteuse d'expression berbère, raconte une de ces histoires poignantes : celle d'une jeune épousée stérile qui revient chez ses parents et devient folle. Rejetée, méprisée, elle se sent elle-même coupable puisqu'elle n'a pas été capable de remplir la seule fonction susceptible de la justifier aux yeux des siens : être mère. Dans la chanson, la jeune femme lance des imprécations contre Dieu qui ne lui a pas donné d'enfant, ce qui passe évidemment pour le comble de la folie.

Malika Domrane récuse, elle-aussi, l'idée que la Kabylie serait une sorte de havre épargné par l'intégrisme et un paradis pour les femmes. « Il y a aussi des intégristes à Tizi Ouzou. Ils sont actifs dans les mosquées où ils demandent que les femmes portent le voile. On trouve surtout des femmes voilées dans les universités parce que la pression y est très forte. Pour certaines, c'est devenu une mode. Certaines y croient : elles veulent indiquer en portant le voile qu'elles sont islamistes. D'autres le portent

Sur le chemin des femmes, réservé aux villageoises et aux enfants, pas besoin de voiles.
Elles vaquent à leurs tâches agricoles à visage découvert.
Près de Tizi Ouzou, 1990.

parce qu'elles sont menacées par la famille ou la société. Les attaques dans les bus, dans les rues sont fréquentes. Moi, je suis ce que je suis, je ne vais pas changer. Cela les arrangerait que les gens fuient. Mais il faut rester sur place et se battre sur le terrain. »

« C'est le FLN qui a amené le FIS, ajoute-t-elle, et s'il reste au pouvoir, ce sera avec le FIS, des gens qui veulent nous faire retourner à l'âge de pierre. Déjà que la misogynie est fort répandue dans le pays, même chez nous en Kabylie, où le statut de la femme est aussi peu enviable qu'ailleurs. »

En fait, la Kabylie a beau avoir des particularités culturelles - la langue berbère, longtemps ignorée et méprisée par le pouvoir central, bien qu'également parlée dans les Aurès, l'Ouarsenis ou au Sahara - elle fait partie intégrante de l'Algérie. Chacun sait et répète à l'envi que la plus grande ville kabyle d'Algérie est... Alger (la plus grande agglomération kabyle du monde étant sans doute Paris et sa banlieue). Mais les mythes ont la peau dure et on entend souvent dire que si le pouvoir tombe un jour aux mains du FIS, la Kabylie restera le dernier bastion de la démocratie en Algérie.

Il est permis d'en douter. D'abord parce que la démocratie n'existe pas davantage en Kabylie qu'ailleurs. Ensuite parce que la pénétration, même si elle a été tardive, de l'intégrisme islamique y est aujourd'hui bien réelle. Les exemples sont nombreux d'attaques et d'attentats à Tizi Ouzou - c'est là qu'ont eu lieu les premiers assassinats de religieux chrétiens - et dans nombre de villages. Il est vrai aussi, et c'est à ne pas négliger, qu'ils ont été les premiers à se doter de milices d'autodéfense. Mais c'est aussi en Kabylie, à Tizi Ouzou, qu'a été assassinée l'année dernière Nabila Djahnine, la responsable de l'association féminine *Thighri N'Tmetouth*, « Cris de femmes », abattue alors qu'elle rentrait chez elle pour retrouver son mari et ses enfants. L'activité de cette militante infatigable gênait sans doute beaucoup.

Madame Bacha, maître dans l'art de la poterie traditionnelle kabyle - qui, telle la bijouterie, produit de pures merveilles - en convient : « La situation de la femme en Kabylie est très dure, largement aussi dure que dans le reste du pays. Surtout pour les jeunes. Elles n'ont aucune liberté et doivent subir le poids de la famille de leur mari, dont tous les membres épient leur moindre geste. Les femmes, chez nous, ne sont considérées que lorsqu'elles sont devenues vieilles, lorsque leurs fils sont mariés et qu'elles peuvent à leur tour régner sur les belles-filles, perpétuant elles-mêmes le système dont elles ont tant souffert dans leur jeunesse. Mais malheur à celle qui n'a pas eu d'enfants, ou qui n'a pas de fils. Elle peut être répudiée et de toutes façons, elle sera méprisée, même par les siens. Elle est perdue. »

Quelque chose, pourtant, peut faire illusion : les femmes kabyles ne portent traditionnellement pas le voile, du moins tant qu'elles restent au village. Je me souviens d'une amie paysanne, totalement analphabète, native d'un petit village proche de Bougie. Bien que profondément croyante, elle ne portait jamais de voile au village. Elle travaillait et circulait en *saroual* et robe traditionnelle, ne mettant un fichu sur sa tête que pour se protéger du soleil dans les champs, comme l'on toujours fait nos propres paysannes et, sans doute, celles de tous les pays du monde.

Mais lorsqu'elle venait à Alger, elle revêtait le *haïk* blanc, tenue traditionnelle de la citadine algéroise, et mettait sur son nez la voilette finement brodée qui cachait sa bouche, ne laissant voir que ses yeux. Elle n'agissait pas ainsi par respect d'un quelconque précepte religieux : si c'eut été le cas, elle aurait également porté le voile et masqué son visage en Kabylie. Or elle ne le faisait pas et j'ai pu le vérifier plusieurs fois. Il nous arrivait, quand elle venait à Alger, de faire les courses ensemble au Souk el Fellah (magasins d'état où l'on se procurait, à l'époque Boumediene, les produits de première nécessité et la production dite « socialiste »). Elle était invariablement enroulée dans son *haïk*, ce qui, soit dit en passant, ne lui facilitait pas la vie : il fallait le tenir fermé d'une main et se comporter comme une manchote...

Tout changeait en Kabylie. Je l'ai accompagnée une fois d'Alger, au retour de ses courses, à Tizi Ouzou, où son frère devait venir la chercher pour l'emmener au village : la première chose qu'elle a fait en descendant de ma voiture fut d'ôter sa voilette. Quand je lui ai demandé pourquoi, elle m'a répondu : « parce qu'ici, je suis chez moi ». Le fait de cacher son visage était donc bien un geste de protection à l'égard de l'étranger, de celui dont on ne connaît pas bien les mœurs et les intentions.

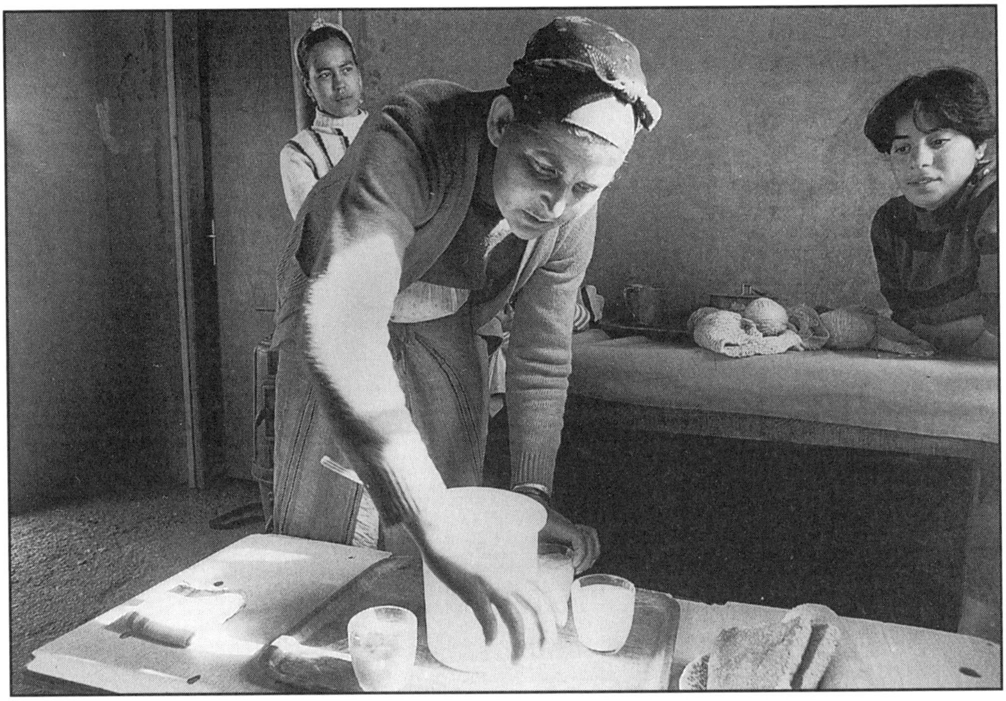

Les enfants, la terre, la maison, la cuisine… La mère a-t-elle le temps de regarder la télévision ? Près de Tizi-Ouzou, 1990.

*Zaya chez elle avec son fils. Responsable de l'association « Cris des femmes »,
cette enseignante étudie le droit pour devenir avocate.
Près de Tizi Ouzou, 1990.*

C'était aussi dans bien des cas - et c'est un aspect qu'il ne faut pas négliger - une manière de s'habiller correctement à peu de frais et, pour les paysannes, de se donner facilement une allure de « citadine ». Mais hormis le fait d'avoir le visage découvert et les cheveux aux vents, les femmes kabyles partagent exactement le sort du reste des Algériennes en ce qui concerne leur statut personnel. Les mariages arrangés dès l'enfance avec un cousin sont courants, ici plus qu'ailleurs, et les femmes sortent surtout pour aller travailler aux champs, « privilège » dont des générations de femmes se seraient bien passées. Comme c'est encore le cas dans certains pays d'Afrique, la réclusion indiquait un statut social élevé. Exiger en signant le contrat de mariage que sa fille ne sorte pas était pour un père une marque d'affection : il s'assurait ainsi qu'elle ne serait pas utilisée comme une bête de somme, comme le furent des générations de paysannes algériennes, plus esclaves qu'épouses. Cela n'avait pas grand-chose à voir avec l'islam.

Il faut encore noter que les femmes, en Kabylie, sont traditionnellement écartées de l'héritage. Et cela s'est répandu à d'autres régions du pays - notamment Alger - avec l'exode rural. Dans certaines bonnes familles, on juge choquant, contraire aux bonnes mœurs qu'une fille réclame sa part. Pourtant, sur ce point le Coran est précis : la fille a toujours droit à la moitié de la part attribuée à son frère. C'est, dit même le texte, « obligatoire ».

Selon Germaine Tillion, le refus d'appliquer cette règle islamique intangible s'explique par la peur de voir éclater la tribu sous l'effet de la dispersion du patrimoine. Combiné à l'endogamie, le partage entre les fils, voir la dévolution de l'héritage au seul fils aîné, est censé maintenir la cohésion sociale interne au groupe. C'est en tous cas une pratique plus méditerranéenne qu'islamique. Les patriarches de Kabylie - et d'ailleurs - ont donc choisi de risquer les flammes de l'enfer pour l'éternité plutôt que de renoncer à leur pouvoir temporel ici-bas...

S'il fallait encore une preuve que les traditions islamiques peuvent varier considérablement à l'intérieur d'un même pays, elle serait fournie par l'exemple des femmes nomades, qu'elles soient - ou se considèrent comme - berbères (les Touaregs) ou arabes (les Bédouins). Beaucoup plus libres, dévoilées, autorisées à chercher elles-mêmes leur fiancé, à le voir et à sortir avec lui avant le mariage, à recevoir des étrangers à la place de leur époux absent, à gérer ses biens comme les leurs, à demander le divorce, à avoir la garde des enfants. Toute une série de survivances d'une société qui, dit-on, fut dans le passé matriarcale, comme l'étaient certaines tribus nomades d'Arabie à l'époque du prophète Mahomet et qui n'a pas perdu en adoptant l'islam certaines de ses caractéristiques. La sédentarisation galopante est, là aussi, en train de changer les choses, pas toujours en bien. En Algérie, comme au Maroc, au Mali ou au Niger, le fait d'être nomade est mal vu. C'est un mode de vie qui permet d'échapper au contrôle de l'État, d'être « hors norme ». Quand on connaît les normes actuellement en vogue, on sait ce que signifie, pour les femmes, la normalisation.

Alors les femmes voilées à l'iranienne commencent à apparaître.
Alger, 1992. La gare.

L'ERREUR FATALE DES SŒURS MUSULMANES

« Parmi tous les vêtements, que Dieu confonde le voile !
Tant que nous vivrons, ce sera un fléau pour les jeunes.
Il nous cache les belles, pour que nous ne puissions les voir,
camoufle les vilaines, pour nous induire en erreur. »
(Dhou'l-Roummah, poète musulman de la dynastie des Omeyyades, mort en 735)

Un certain nombre de femmes - ou plutôt de jeunes filles - ont choisi de se ranger dans le camp des intégristes. Elles ne sont certes pas nombreuses, mais elles existent. On les reconnaît aisément à leur tenue : le *hidjab.* Cette tenue, dont la mode n'a rien à voir avec les traditions des femmes algériennes est directement inspirée de celles imposées aux femmes dans l'Iran de l'ayatollah Komeyni. Elle se compose d'une djellaba de couleur sombre - bleu foncé, noir ou marron - et d'un voile serré autour du visage de manière à ne pas laisser apparaître la moindre racine de cheveu. Ce qu'on a pris l'habitude en France de nommer « foulard islamique », depuis que certaines jeunes filles de l'immigration ont tenté de l'imposer dans les écoles.

On a commencé à voir apparaître le *hidjab* en Algérie en 1980, c'est à dire juste après la révolution islamique d'Iran. Pendant quelques années, cela a plutôt correspondu à un phénomène de mode. Les jeunes filles qui l'adoptaient y trouvaient de multiples avantages : s'habiller pour pas cher, d'autant qu'au début des années 80 les militants islamistes algériens, que l'on appelait alors « frères musulmans », offraient gratuitement l'ensemble islamiste en contrepartie d'une fréquentation des prêches dans les mosquées intégristes. Installées dans des cités ou des quartiers, en principe interdites car elles échappaient au circuit de l'islam officiel contrôlé par l'état (c'est le gouvernement qui nommait les imams et décidait des thèmes de prêche), on les appelait alors des « mosquées sauvages ». La plus courue était celle où prêchait, dans une cité populaire de Kouba, quartier d'Alger, un certain Ali Benhadj...

A lire ses sermons de l'époque, on se demande franchement ce que les filles pouvaient bien lui trouver, hormis le verbe ardent et le regard enfiévré. Voici un extrait d'un des discours de celui qui allait devenir le numéro deux du FIS et l'inspirateur de ses groupes armés :

« Le lieu naturel de la femme, dit-il, est le foyer. Si nous sommes dans une société islamique véritable, la femme n'est pas destinée à travailler. Ainsi elle ne quitte pas son foyer afin de se consacrer à la grandiose mission de l'éducation des hommes. La femme est une reproductrice d'hommes. Elle ne produit pas de biens matériels, mais cette chose essentielle qu'est le musulman. » A noter au passage qu'une femme digne de ce nom est sensée produire des hommes. Pas des femmes. Parmi les autres thèmes favoris de ses sermons : l'immoralité de la mixité à l'école, l'université, le bureau, les moyens de transport ; le caractère « illicite », aux yeux de l'islam, du droit de vote pour les femmes ; et aussi cette accusation grave : « Si tant de nos jeunes sont au chômage, c'est parce que des femmes occupent leurs emplois. » Remplaçons femme par étranger, et voilà un prêche bien proche d'un discours de Le Pen !

Plus significatif encore, car il résume bien toute la rancœur des islamistes à l'égard des femmes, ce texte paru dans l'hebdomadaire du FIS, *el Mounqid*[9] : « Elle (la femme) a quitté son domicile et abandonné l'éducation de ses enfants ; elle a concurrencé l'homme au travail et dans tous les domaines ; elle a refusé d'être entretenue par lui et s'est libérée de toutes ses caractéristiques féminines. Les maisons ressemblent à des déserts ou à de vieille ruines ; les enfants sont devenus comme des orphelins ; la pudeur et la chasteté ont disparu. La société est ébranlée et tout se débride. »

---

9. Cité dans *L'Algérie par ses islamistes*, Fondation nationale des sciences politiques (1991).

Moment d'intimité. Une jeune fille face à son image voilée.
Alger, 1994.

Comment un tel discours a-t-il pu séduire des femmes ? N'y a-t-il pas à la base de l'engagement féminin au service de l'islam radical un formidable malentendu ? Une étude réalisée en avril 1994 à l'université de Bouzaréah (un quartier pauvre d'Alger) et publiée par la revue *Maghreb-Machrek* [10] montre que nombre de celles qui ont « pris le voile » et se définissent comme des « sœurs musulmanes » voient dans leur adhésion à un islam radical un moyen de libération. Vis-à-vis de leur famille d'abord, qui leur fait davantage confiance, craint moins pour leur vertu (« l'honneur de la tribu » réside traditionnellement en Algérie dans la virginité des filles) et leur laisse davantage de liberté. « Depuis que je porte le *hidjab*, ma famille me laisse même sortir seule la nuit pour aller à la mosquée pendant le ramadan », raconte l'une d'elles.

Vis-à-vis des hommes et d'une société particulièrement machiste ensuite : être voilée, c'est un moyen d'éviter la drague masculine, fréquente dans les rues des grandes villes. Mais c'est surtout se mettre en position de tenir tête aux hommes de la famille (père, frères, oncles, cousins) qui exercent sur les jeunes filles ou les femmes une tutelle aussi pesante que légale : elle est prévue à la fois par la *Charia* et le code de la famille. En devenant des militantes de la pureté islamique, elles entendent en remontrer à leurs « tuteurs » et n'hésitent pas, parfois, à leur donner elles-mêmes des leçons de « morale ».

Paradoxalement, en parlant au nom de l'islam, en se réclamant du fondamentalisme, donc d'une certaine pureté, ces jeunes filles veulent retrouver le droit à la parole. Et ce qu'elles disent est souvent fort proche de ce que revendiquent celles qui récusent l'intégrisme : elles veulent étudier, exister par elles-mêmes, exercer un métier. Elles choisissent de préférence l'enseignement ou la médecine, considérées comme les disciplines correspondant le mieux à la conception traditionnelle de la « mission » de la femme. Elles envisagent de se marier et d'avoir des enfants, mais là n'est pas leur but essentiel du choix de vie qu'elles ont fait. Leur but essentiel est d'exister en tant qu'individu, et elles pensent plus ou moins confusément que dans la société qui est la leur, l'islam est le moyen le plus direct, et le plus sûr pour y parvenir.

---

10. *Maghreb-Machrek*, La Documentation française, juin 1994.

Quant à la mixité, le rejet violent qu'elles en expriment reflète, plus encore qu'une conviction religieuse, une peur quasiment panique de l'univers masculin. L'étude réalisée à Bouzaréah montre que la majorité de ces jeunes filles n'ont pratiquement aucun contact avec les hommes du FIS. Les rares qui en ont sont des militantes actives, des femmes qui ont choisi ce chemin pour faire de la politique, c'est-à-dire prendre leur part des décisions et du pouvoir.

J'en ai rencontré une, Oranaise et journaliste, fille d'un professeur d'arabe. Visiblement issue d'une famille aisée, jolie et cultivée, soigneusement maquillée sous son *hidjab*, elle défendait avec passion toutes les décisions et les actions des groupes islamistes, y compris les attentats qu'elle refusait de qualifier de terroristes. « Qui vous dit, me répondit-elle quand je lui énumérais la dizaine d'assassinats perpétrés lors de mon bref séjour à Alger [11], que ceux qui ont commis ces actes, que vous qualifiez de terroristes, n'ont pas agi au nom du *Djihad* ? Auquel cas, il ne m'appartient pas de les juger ». Sa définition du *Djihad* : la guerre sainte contre les ennemis de l'islam. Mais elle réfutait le recours au *Djihad* pour arriver à ce qu'elle définissait comme le but ultime des islamistes : étendre l'*umma* (communauté musulmane) à toute la terre. « Cela, disait-elle, doit se faire par la persuasion et je suis sûre que nous y parviendrons puisque ce que nous disons est la vérité de Dieu. » Elle en parlait avec la conviction et l'assurance d'une femme prête à tout pour assouvir ses ambitions, qui n'étaient manifestement pas de retourner dans sa cuisine pour faire le couscous ni de se soumettre au bon plaisir d'un mari et de procréer un petit musulman par an...

Celle-ci avait choisi son camp dans une problématique de conquête du pouvoir. Elle agissait en parfaite connaissance de cause. Je ne pense pas que ce soit le cas de la majorité des jeunes filles qui, pour les raisons diverses évoquées plus haut, ont pris le voile. A mon avis, elles se trompent, et leur déception sera - est déjà dans certains cas - à la mesure de la

---

11. Cela se passait en février 1994. Dans les jours précédents, un Belge et sa femme avaient été assassinés à Bouira devant leur fille de cinq ans, un commissaire décapité devant ses enfants, un opticien juif abattu dans son magasin d'Alger, un journaliste français tué à la Casbah. J'avais moi-même été menacée de mort devant une mosquée parce qu' « étrangère ». Le GIA avait peu de temps auparavant condamné à mort tous les étrangers se trouvant en Algérie.

sincérité d'un engagement dans lequel entre une part de romantisme et de cette recherche de soi propre aux jeunes adolescents (la plupart ont « adhéré » à l'islam radical entre quinze et dix-neuf ans).

Déjà, entre le moment où fut effectuée l'étude de Bouzaréah et aujourd'hui, les choses ont évolué. Nombre de ces jeunes filles, qui refusaient d'admettre alors que les islamistes soient responsables des violences et en accusaient le pouvoir, ont réalisé qu'elles avaient été dupées. Pire : certaines ont été elles-mêmes les victimes de leurs « frères » des groupes armés, notamment du GIA, qui puisent de préférence parmi les filles voilées - bonnes musulmanes - celles qu'ils entraînent dans leurs maquis, de gré ou de force, pour leurs besoins domestiques et sexuels. La télévision algérienne a montré l'été dernier cinq de ces jeunes filles violées et rejetées parce qu'enceintes : toutes étaient des « sœurs musulmanes ».

« Finalement, remarque Lakdar, un ami algérien, ce sont toujours les mêmes qui paient les pots cassés. Ces malheureuses ont été enlevées dans les quartiers les plus misérables, ceux où les islamistes se sont implantés le plus facilement parce qu'au début, ils aidaient les gens, distribuaient de la nourriture et des soins. C'est là qu'on a voté le plus pour le FIS, par besoin de changement, tout le monde en avait marre du FLN, mais aussi parce que Madani et Belhadj promettaient de résoudre tous les problèmes et en plus, disaient-ils, voter pour le FIS, c'était voter pour Dieu. Donc aucun risque ! Mais la naïveté a des limites. Quand on vient demander à ces pauvres diables de donner leur fille pour la cause, c'est à leur honneur qu'on s'en prend, et ils ne marchent plus. »

VICTIMES DU TERRORISME ET DE LA LOI

La dérive la plus terrible du terrorisme algérien est sans doute son acharnement meurtrier contre les femmes, qui s'est encore aggravé ces trois dernières années : au cours des neuf premiers mois de 1995, plus de 190 femmes ont été assassinées par les terroristes. Ils en avaient tué 211 en 1994. Il n'existe pas de statistiques précises des femmes enlevées, violées, contraintes sous la menace à des « mariages temporaires » avec des membres des groupes armés. Mais elles sont à coup sûr plusieurs centaines si l'on en croit les relations faites de toutes ces horreurs par la presse « indépendante », mais tout de même soumise à la censure et contrainte de taire certaines informations.

Certes, les attaques contre les femmes, de la part des intégristes, ne datent pas d'hier. Dans les années 1970, cela avait commencé par des insultes lancées aux étudiantes, aux filles trop maquillées ou portant des vêtements trop courts. A partir de 1980, on passe de l'insulte à l'agression. C'est à la cité universitaire de jeunes filles Ben Aknoun, sur les hauts d'Alger, qu'ont lieu les premières agressions : plusieurs jeunes y sont vitriolées. On est alors au lendemain de la « révolution islamique » iranienne, et les méthodes des *Pasdarans*, pourchassant et bastonnant dans les rues les femmes mal voilées ou osant encore porter du rouge à lèvres, font des émules de ce côté de la Méditerranée.

Vient ensuite 1981 et la bataille du code de la famille. C'est la troisième fois, depuis l'indépendance de l'Algérie, que ce projet revient sur le tapis. Il a été rejeté une première fois en 1965, quelques mois avant le coup d'État de Boumediene. *Moudjahidate* et membres de l'UNFA avaient manifesté, le 8 mars, brandissant le drapeau pour lequel elles avaient combattu en croyant qu'il serait celui de la liberté de leur pays, mais aussi de leur liberté

Main d'une passante, occupée à tenir son voile blanc fermé.
Main d'un agent, gantée de blanc dirigeant la circulation.
Alger, 1992.

de femmes. Arrivées devant l'Assemblée nationale, elles s'étaient fait matraquer par la police, par leurs frères d'armes d'hier. Le scandale avait été énorme, l'opinion publique était terriblement choquée. Le projet fut retiré.

Quelques années plus tard, en 1973, on apprend qu'un nouveau projet est en cours de rédaction. Les femmes s'émeuvent. L'UNFA, qui n'a pas été consultée, demande des explications. L'agitation gagne l'Université et la polémique, la presse. Interrogé, le président Boumediene dément l'existence d'un texte et enterre le projet. Il n'aura pas le temps d'y revenir : il meurt en décembre 1978. C'est son successeur, Chadli Bendjedid, qui en septembre 1981, prend la responsabilité de déterrer la hache de guerre contre les femmes en ressortant le projet.

Cette fois encore, la résistance est forte. Les *moudjahidate* sont en première ligne. Elles crient de toutes leurs forces : « Non à la trahison des idéaux du premier novembre ». Cela ne les empêche pas de se faire matraquer devant l'Assemblée nationale. Les manifestations se multiplient. Le nombre des femmes qui y participent n'est pas considérable : quelques centaines à chaque fois, mais c'est là que se créent les bases du mouvement féministe qui explosera quelques années plus tard, quand les femmes auront à combattre leur ennemi mortel, l'intégrisme.

Pour l'instant, leur adversaire, c'est le pouvoir, toujours entre les mains du FLN, parti unique depuis l'indépendance et qui caporalise toutes les organisations et syndicats. Y compris l'UNFA qui proteste pourtant, cette fois encore, comme d'ailleurs les femmes travailleuses de l'UGTA (L'Union générale des travailleurs algériens) : elles ont tenu leur première conférence nationale l'année précédente et posé des revendications claires en matière d'égalité des sexes. Après trois mois d'agitation et de pétition le gouvernement recule. En janvier 1982, il retire le texte et nomme Mme Ounissi, une des dix députés qui s'étaient battues contre le projet, au gouvernement.

Mais le recul est tactique. Le pouvoir a compris le danger que représente la mobilisation naissante des femmes. Il va tenter de la briser. De deux manières : en récupérant une partie des « meneuses » et en arrêtant les autres. En 1983, 385 femmes sont arrêtées. Parmi elles plusieurs membres du Comité d'action contre le Code de la famille, créé dans la foulée de la lutte de 1981, mais non légal. Quant au Code, son texte à peine amendé est approuvé par le Congrès du FLN le 5 juin 1983, et voté un an plus tard par l'Assemblée nationale. On est en 1984, soit vingt-deux ans après l'indépendance de l'Algérie. C'est le texte le plus rétrograde qui ait jamais régi le statut de la femme dans ce pays. Un véritable bond en arrière dans le passé et un recul de civilisation.

LE CODE DE L'INFAMIE

Que contient ce texte pour à la fois déchaîner les islamistes et révolter les femmes ? Il dit que le droit privé - comme notre code civil -, régit les relations entre hommes et femmes, le mariage, le divorce, les relations des parents avec leurs enfants, l'héritage. Sa source d'inspiration est la *Charia.* Ce code considère la femme comme une mineure à vie dans tous les domaines qui concernent sa vie privée et sexuelle, la disposition de son corps. Elle dépend, de sa naissance à sa mort et quel que soit son âge, d'un tuteur matrimonial qui conclut tout mariage en son nom. Ce tuteur est en tout cas un mâle de la famille.

« Le mariage, dit l'article 9, est contracté par le consentement mutuel des futurs conjoints, la présence du tuteur matrimonial et de deux témoins ainsi que la constitution d'une dot. »

L'article 11 précise : « La conclusion du mariage pour la femme incombe à son tuteur matrimonial, qui est soit son père, soit un proche parent. Le juge est le tuteur de la personne qui n'en a pas. »

Le tuteur ne peut cependant pas imposer un mariage sans consentement de la future épouse ni s'opposer à une union que sa pupille jugerait profitable. En cas de litige entre le tuteur et la pupille, c'est le juge qui décide. Il serait dommage de ne pas citer aussi l'article 8, qui institutionnalise la polygamie : « Il est permis de contracter plusieurs mariages avec plus d'une épouse dans les limites de la *Charia,* si le motif est justifié, les conditions et l'intention d'équité réunies et après information préalable des précédentes et futures épouses. L'une et l'autre peuvent intenter une action judiciaire en cas de dol ou demander le divorce en cas d'absence de consentement. »

Demander le divorce est toujours possible pour le mari. Pour la femme une telle demande est soumise à des conditions précises qui vont de

« l'infirmité empêchant la réalisation du but du mariage » à l'absence de plus d'un an en passant par la « faute immorale gravement répréhensible ». Les mauvais traitements ne sont pas cités comme cause suffisante de divorce pour la femme. Elle peut également demander le divorce contre réparation, c'est-à-dire en rachetant sa dot. Dans tous les cas, c'est l'homme qui garde le domicile conjugal. Mais « si l'épouse a la garde des enfants et qu'elle n'a pas de tuteur légal qui accepte de l'accueillir, il lui est assuré le droit au logement selon les possibilités du mari ». Enfin « la musulmane ne peut épouser un non musulman », mais l'homme, lui, peut parfaitement épouser une ou plusieurs « infidèles » en restant un bon musulman.

L'adoption d'un tel texte, portant la signature de Chadli Bendjedid, président de la République et secrétaire général du FLN, n'avait été possible que parce que le courant islamiste, présent dans le parti unique depuis l'époque de la lutte de libération, y était devenu prépondérant. Cela n'était pas jusqu'alors apparu au grand jour et nombre d'observateurs - dont je suis [12] - ont sous-estimé la force du courant intégriste et son implantation dans les instances du pouvoir.

Les femmes elles-mêmes, y compris les plus conscientes, découvraient, atterrées, l'ampleur du désastre. Elles avaient longtemps cru, comme l'affirmait depuis vingt-deux ans les discours officiels, que leur émancipation des traditions familiales archaïques et leur pleine intégration dans la société civile se feraient automatiquement, sans heurts, au fur et à mesure des progrès du développement et de la marche vers le socialisme qui, ne l'oublions pas, était encore la doctrine officielle. Et c'est précisément quand une nouvelle génération, celle qui avait bénéficié de la scolarité obligatoire, de l'accès au savoir et aussi de l'ouverture sur le monde grâce à la radio, à la télévision, à la chanson, arrivait à l'âge de prendre sa place dans une société nouvelle que l'avenir, soudain, s'obscurcissait.

12. J'ai été correspondante en Algérie du journal l'*Humanité* entre la fin de l'année 1978 (maladie et mort du président Houari Boumediene) et la fin de l'année 1981. J'ai donc assisté aux premières manifestations de la montée de l'intégrisme, vu apparaître les premiers *hidjabs* et les premiers « barbus », notamment à l'université. À l'époque on pensait qu'il s'agissait d'un simple phénomène de mode du à la révolution iranienne mais que l'Algérie était protégée d'une « vague verte » par son système étatique fortement centralisé et par l'attachement à un idéal socialiste que proclamait encore - quoique de moins en moins - le FLN.

On s'aperçoit avec le recul qu'une réelle émancipation des femmes a été constamment combattue, depuis la fin des années 1970 au moins, par l'aile conservatrice du FLN. Des gages ont été donnés en permanence aux islamistes de manière à combattre les progressistes... et les femmes. Les organisations de masse - le syndicat UGTA, l'organisation des femmes UNFA et celle des jeunes UNJA - étaient totalement caporalisées : il fallait être membre du FLN pour y accéder à des responsabilités. La direction du FLN affirmait alors qu'elle agissait ainsi pour barrer la route aux communistes et aux islamistes. Mais dans les faits, les islamistes étaient déjà dans l'appareil du parti où ils s'étaient alliés aux affairistes et aux conservateurs. On ne peut pas expliquer autrement le Code de la famille. Les justifications de l'actuel secrétaire général du FLN, M. Merhi - qui s'est d'ailleurs officiellement allié au FIS depuis lors - ne sont guère convaincantes : « Ce Code, dit-il, s'inspire de la *Charia* islamique qui régnait déjà de façon informelle en Algérie. On n'a pu que l'atténuer. Aucun pays musulman n'a d'ailleurs réussi à l'abolir. » [13]

Encouragés par un tel texte, ceux qu'on appelait alors les « frères » se sentirent pousser des ailes. Le fait que les femmes soient en passe - du moins le croyaient-ils - d'être muselées, constituait une victoire considérable. Un verrou avait sauté sur la route du pouvoir.

---

13. Faux, il n'est pas besoin d'aller très loin puisque la *Charia* n'est pas appliquée en Tunisie, pays voisin de l'Algérie, où polygamie et port du voile sont interdits et où les femmes jouissent d'un statut personnel comparable à ceux des femmes européennes.

Arrêtée à la croisée, vers où se dirige cette inconnue qui nous regarde ?
Alger, 1990.

Les unes voilées, les autres pas, elles pleurent les victimes du terrorisme, exigent la paix, et la condamnation des assassins.
Alger, 22 mars 1994.

LE TEMPS DES ASSASSINS

La seconde moitié de la décennie 1980 est une période très difficile pour tous les Algériens. Le prix du pétrole a brutalement baissé, ôtant au pays une bonne part de ses ressources en devises. Le poids de la dette qui grossit à vue d'œil s'ajoute à celui d'une démographie galopante qu'on n'a jamais vraiment cherché à maîtriser. Dans ce domaine, les pouvoirs successifs ont fait la sourde oreille aux revendications des femmes, jouant même, comme Boumediene, la carte nataliste. Le chômage augmente, les jeunes, même diplômés d'université, ont du mal à trouver leur place dans la société. Encore davantage si ce sont des femmes.

C'est pourtant le moment où les filles nées après l'indépendance arrivent sur le marché du travail. Il est déjà difficile pour certaines de faire accepter à leur famille l'idée que leur avenir peut être aussi bien assuré, sinon mieux, par un métier que par un mari. Mais comment y réussir s'il n'y a pas de travail ? Pour celles qui sont mariées, qui ont déjà un enfant, les choses sont encore plus difficiles. Rien n'est prévu dans l'organisation sociale pour aider la femme travailleuse. L'école maternelle n'existe pas et les crèches sont une rareté. Devenue ministre des

Affaires sociales, Mme Ounissi (une des députés qui s'étaient, en 1981, opposées au Code de la famille), en crée quelques-unes, ainsi que des orphelinats. Mais elle est vite en butte aux attaques des frères musulmans. Pour eux, les orphelinats sont une création satanique qui risque de faciliter les abandons d'enfants par des filles-mères [1]. Quand aux crèches, elles sont considérées comme des nuisances puisqu'elles facilitent l'accès des femmes à une occupation hors du foyer.

A la rude bataille pour l'emploi s'ajoute l'affrontement direct avec l'idéologie intégriste : la montée du chômage est un prétexte rêvé pour réclamer le maintien des femmes au foyer. « Il n'y a déjà pas d'emplois pour nous, ne laissons pas les femmes nous voler notre pain. » Tel est le discours qu'on entend dans certaines mosquées, agrémenté de considérations sur « l'impiété » des femmes qui ne veulent pas dépendre d'un tuteur, comme l'ordonne la *Charia*.

La société algérienne toute entière bouillonne. Les jeunes, réduits par milliers à « tenir les murs » [2], crient leur rejet d'un monde qui ne leur offre que chômage et mal vivre. La crise du logement et le fait que le monde des femmes (l'intérieur) soit séparé de celui des hommes (la rue) en fait des vagabonds, SDF diurnes errants dans les rues, tapant dans des ballons pour se défouler, se retrouvant finalement dans les mosquées où on leur promet une revanche facile sur tout ce qui les accable et les humilie. Les manifestations se multiplient. Tout le monde s'y met : les démocrates réclament le droit de s'organiser et d'agir, les journalistes la liberté d'expression, les femmes l'égalité réelle et l'abolition du code de la famille, les intégristes une République islamique.

Les grandes manifestations d'octobre 1988 où s'exprime le ras le bol de toute une jeunesse sont noyées dans le sang. Les jeunes, garçons et filles, descendent par centaines de milliers dans les rues, réclamant « justice et dignité ». L'armée tire. On parle d'au moins cinq cents victimes. On ne

1. Les filles-mères, si elles ne parviennent pas à se faire épouser, n'ont d'autre choix que le suicide ou l'infanticide, à moins qu'elles ne soient tuées par leur père ou leur frère qui lave ainsi l'honneur de la famille. Voir plus loin l'histoire de Karima.
2. C'est le sens littéral du mot hittistes, nom donné dans le langage populaire aux jeunes gens désœuvrés qui traînent à longueur de journées dans les rues, passant leur temps à bavarder par petits groupes, adossés aux murs...et à siffler les filles !

sait toujours pas si ces émeutes furent spontanées ou organisées. Et dans ce cas, par qui ? Elles débouchent sur une « libéralisation »[3] brutale du système, la mise en place du multipartisme et du pluralisme de la presse. Mais aussi, sur la légalisation du FIS (Front islamique du Salut) et de plusieurs autres mouvements islamistes comme le *Hamas* ou *Enahda*.

Pour procéder à ces légalisations, le président Chadli Bendjedid a tout simplement violé la Constitution qui exclut tout parti à connotation religieuse ou régionale. Ce n'était pas la première fois : ne l'avait-il pas déjà violée cinq ans plus tôt en signant le Code de la famille ? Les deux actes allaient dans le même sens : ouvrir la voie à l'intégrisme. Allait venir le temps des assassins.

On a coutume de dire dans les médias et de lire dans la presse que le développement du terrorisme en Algérie date de l'annulation des élections législatives par les militaires, en janvier 1992. Rien n'est moins vrai. En réalité le premier maquis islamiste est né en 1981, pas très loin d'Alger, dans les contreforts de l'atlas blidéen, sous la direction de Mustapha Bouyali[4]. Ses hommes commencent par attaquer les carrières et les chantiers pour voler de la dynamite, font des coups de main dont on parle assez peu, jusqu'au jour où ils attaquent une caserne-école de la police, y égorgent quelques jeunes officiers et repartent avec un véritable arsenal. On est en 1985, soit six ans avant les élections annulées de 1991. A l'époque, personne ne parle de « maquis islamiste ». Officiellement, il s'agit simplement d'une bande de brigands. Un mensonge qui vise à camoufler la dangereuse montée intégriste.

Quant aux assassinats, le premier a lieu le 2 novembre 1982 au campus universitaire de Ben Aknoun où une bande d'islamistes armés massacre à coups de marteau un étudiant communiste, Kamel Amzel. Douze autres étudiants sont blessés. On ne le sait pas encore, mais c'est la répétition générale de ce que fait aujourd'hui le GIA. Et déjà à l'époque, Abassi Madani, Ali Benhadj et Mohamed Saïd, qui fonderont

---

3.Libéralisation au sens où l'on parle d'un système politique et économique libéral, et non démocratisation.

4. Son groupe sera à l'origine du MIA (Mouvement islamique armé), ancêtre de l'AIS (Armée islamique du Salut), le bras armé du FIS.

le FIS en 1989, se rangent du côté des assassins. Ils organisent en novembre une manifestation à l'université d'Alger pour réclamer leur libération. Ils demandent en même temps la création de mosquées à l'intérieur de toutes les universités, l'abolition de la mixité, l'application de la *Charia* et « l'épuration des instances de l'état des éléments hostiles à l'islam qui sont à la solde du colonialisme ». C'est le programme du FIS avant la lettre et son véritable acte fondateur.

En ce qui concerne les femmes, les premières attaques physiques, on l'a vu, datent à peu près de la même époque et visent aussi les étudiantes de Ben Aknoun. Après 1984 et l'adoption du Code de la famille, les choses s'aggravent. Des groupes de fanatiques commencent à s'en prendre à celles qui osent vivre seules - sans tuteur ni protecteur mâle - qu'elles soient célibataires, veuves ou divorcées. Sans arrêt insultées, harcelées - on les réveille plusieurs fois par nuit, soit au téléphone, soit en tambourinant sur leur porte, on leur lance des pierres, et on finit par brûler leurs maisons - exactement comme on brûlait les sorcières au Moyen Age. Plusieurs drames se produisent ainsi en 1988 et 1989. A Ouargla, un enfant de cinq ans meurt carbonisé dans la maison de sa mère, Oum Ali : divorcée, elle vivait seule avec ses enfants. À Bouira, une veuve périt brûlée vive. À Mascara, une jeune fille est brûlée par son frère islamiste parce qu'elle refuse de lui obéir, lui, son « protecteur » selon la *Charia*, et de cesser de travailler.

Toujours en 1988. Une jeune Kabyle, Karima, est chassée de l'École Supérieure du bâtiment d'Alger par les frères musulmans qui y font la loi. Elle refuse de se voiler, elle s'habille à la mode, mais surtout, elle est enceinte. Son ami lui-même tente de la tuer : « Il m'a battue à plusieurs reprises, puis il a essayé de m'écraser avec sa voiture. » Après trois tentatives de suicide, Karima fuit sa famille, réussit à se cacher. Rejetée par tous, elle se réfugie en France où elle accouchera et trouvera de l'aide. Si cette histoire se produisait aujourd'hui - et elle se produit sûrement - la malheureuse n'aurait plus aucune échappatoire. Elle finirait par mourir comme une bête traquée... « J'ai eu de la chance, dit Karima. Je connais des pères qui ont tué leur fille pour ça. Si on laisse tout de même l'enfant naître, il ne peut pas être inscrit à l'état civil par sa mère. Seul un homme de la famille peut donner l'autorisation de transmettre le nom. » Toujours le Code de la famille...

Marcher à visage découvert dans les rues est devenu un acte de résistance contre le terrorisme.
Alger, 1995.

Ces mêmes années, on agresse dans les rues les jeunes filles en jupe courte ou en pantalon. Des groupes de « barbus » armés de lames de rasoir leur tailladent les jambes ou les frappent à coups de bâtons - comme le font les *Pasdarans* dans les rues de Téhéran ou la *moutawain*[5] en Arabie saoudite. « A l'entrée de la Cité universitaire de Ben Aknoun comme de Blida, des intégristes assurent " l'ordre moral ". Les filles doivent être rentrées à dix-huit heures sous peine d'être fouettées à coups de ceinturon. Et gare à celles qui fument : on leur écrase leur cigarette sur les jambes, » raconte une enseignante de Blida. « On a beau appeler la police, demander à l'état sa protection, personne ne bouge. »

En avril 1991, un autre mauvais coup tombe sur les femmes. Cette fois il vient du pouvoir, mais l'inspiration en est claire : la nouvelle loi électorale stipule que les hommes pourront voter à la place de leurs épouses sur simple présentation du livret de famille (le fameux document aux quatre pages réservées aux quatre épouses que l'islam autorise). Un homme peut donc voter cinq fois s'il a quatre épouses, et bien sûr sans leur demander leur avis. La mobilisation des femmes contre ce texte - lui aussi anticonstitutionnel, car il revient à priver la femme du droit de vote - est si forte que cette disposition est abrogée. Les *moudjahidate*, une fois encore, manifestent aux cris d'*une femme, une voix*. Au grand dam des islamistes, on rétablit la nécessité d'une procuration pour voter pour une tierce personne, fut-elle sa propre femme !

Mais il est de plus en plus clair que deux Algérie s'affrontent : celle des conservateurs qui, alliés aux islamistes, gangrènent déjà le pouvoir et celle des démocrates dont font partie ces femmes rebelles qui se battent avec d'autant plus de détermination que les coups qu'on leur porte sont plus rudes. Avec ou sans permission, les femmes algériennes investissent la rue. Non seulement la rue de tous les jours, qu'elles continuent d'emprunter envers et contre tous, à pied, en autobus ou au volant de leur

5. Police religieuse du *Comité pour la promotion de la vertu et la prévention du vice*. Ses membres parcourent les rues des villes, munis de badines, et frappent les femmes mal voilées qui laissent voir leurs chevilles et les hommes qui ne respectent pas l'heure de la prière. Ils peuvent aussi visiter les bureaux pour vérifier si la règle de la séparation absolue entre hommes et femmes est respectée. Si une femme est trouvée en compagnie d'hommes ou mal voilée elle est frappée mais c'est l'homme de sa famille qui est son tuteur - père, frère ou mari - qui sera verbalisé.

voiture pour aller au travail ou au marché, mais aussi la rue des grands jours, ceux où elles l'envahissent pour crier leurs colères et leurs espoirs. Toutes les grandes manifestations qui ont marqué l'Algérie de ces dernières années sont des manifestations de femmes, ou des manifestations où les femmes ont été majoritaires. Cela commence en 1981 avec la mobilisation contre le Code de la famille. Mais à l'époque, le parti unique régnait, et avec lui les « organisations de masse » uniques. L'UNFA s'était montrée plutôt timorée. Seule une avant-garde, appuyée par les *moudjahidate*, était réellement engagée dans le combat. L'Association pour l'égalité des hommes et des femmes, créée au moment de l'adoption du Code en 1984 était restée clandestine. Elle ne sera légalisée qu'en 1989, après l'adoption d'une nouvelle constitution instituant le multipartisme. Le 8 mars 1990 est l'occasion d'un rassemblement monstre contre le péril islamique. Les organisatrices y dénoncent « la vague d'intolérance sans précédent que connaît le pays ». Les femmes manifestent de nouveau en mai, juste avant les élections municipales. Cela n'empêchera pas le triomphe du FIS, qui rafle la majorité des municipalités.

Il y a désormais péril en la demeure. D'autant que les nouvelles municipalités islamistes prennent tout de suite des mesures contre les femmes : certaines employées sont licenciées ou contraintes de porter le *hidjab*. On instaure la séparation des sexes dans les bureaux. On tente de l'imposer - en vain - dans certaines lignes d'autobus. Des arrêtés municipaux interdisent le sport aux filles, le port des shorts, des minijupes ou des maillots de bain. Des militants zélés, portant barbes, *khémis* ou tenues afghanes se chargent de faire respecter par la force ces arrêtés. C'est un moment très dur pour les femmes qui ne savent pas quelle parade trouver à cette situation nouvelle où, pour la première fois, les intégristes font légalement la loi et la font contre elles. Il y a une période de flottement. Voiles et *hidjab* se multiplient dans les rues des villes. On se demande si l'Algérie ne va pas basculer.

Le moment de stupeur passé, pourtant, les femmes réagissent. Il y a une nouvelle grande manifestation en mai, puis en décembre. Les sœurs musulmanes, voilées, contre-manifestent par milliers pour réclamer une

Aux menaces du GIA contre les femmes qui refusent de porter le voile, elles répondent en descendant avec leurs enfants dans les rues.
Alger, 22 mars 1994.

République islamique. Après le premier tour des élections législatives de décembre 1991, atterrées par les résultats[6], conscientes de tout ce qu'elles vont perdre si la République islamique promise par le FIS s'installait en Algérie, les femmes démocrates se mobilisent pour exiger l'annulation du scrutin. L'ensemble des organisations féministes qui ont fleuri par dizaines depuis 1988, manifestent le 9 janvier. Deux jours plus tard, l'armée démissionne Chadli Bendjedid et annule les élections. Certains journalistes en mal de formule diront : « c'est le premier putsch féministe de l'histoire ». Il n'en est évidemment rien, mais la volonté des femmes d'éviter à tout prix la mise en place d'un régime islamique rejoint celle de la société civile[7] et d'une partie de l'armée.

De nouvelles associations de femmes naissent alors, axées sur le refus de la violence qui envahit la société. Le 22 mars 1994 voit déferler dans les rues d'Alger une marée humaine à dominante féminine comme on n'en avait pas vu depuis longtemps. De ce jour date la création de l'association RAFD (mot signifiant refus en arabe).

Les intégristes comprennent que l'obstacle principal à la réalisation de leur rêve de *Charia*, de harems et de pouvoir absolu sera les femmes de leur pays. À partir de là, ils vont « redoubler de férocité », selon l'expression de Kateb Yacine[8]. Des listes de femmes condamnées à mort se multiplient dans les mosquées. On verra des choses si abominables qu'on répugne à les décrire : femmes égorgées, décapitées, mutilées, enlevées, violées, torturées. Les femmes de policiers et de soldats, les journalistes et les enseignantes sont les plus exposées. Mais le sont aussi les coiffeuses, les ouvrières, les lycéennes, les simples employées. Les *fatwas* produites par des « religieux » plus que douteux se multiplient. Le GIA annonce pendant l'été 1994 qu'il est interdit d'enseigner et d'aller à l'école ou à l'université sous peine de mort. La rentrée a tout de même

6. Voici les résultats du premier tour : Nombre d'électeurs inscrits : 13 258 554 - Nombre de votants: 7 822 665 - Nombre d'abstentions : 5 435 929 - Nombre de votes exprimés : 6 897 719 - Nombre de bulletins nuls : 924 906 - Nombre de voix obtenues par le FIS : 3 260 222 voix, soit 42,05 % des suffrages exprimés et 24,79 % des inscrits.

7. L'Union Générale des travailleurs algériens, l'Union nationale des entrepreneurs indépendants, celle des entrepreneurs publics, les associations représentant les professions libérales, les Anciens combattants de la guerre d'indépendance, le mouvement culturel berbère ont fait le même choix.

8. *Les ancêtres redoublent de férocité*, titre d'une œuvre de Kateb Yacine.

lieu le 14 septembre. Presque normalement. Mais vingt-cinq enseignants, dont quatorze femmes l'ont payé de leur vie. Cela n'empêchera pas l'immense majorité de leurs collègues et des enfants de retourner au travail le lendemain et les jours suivants. Et la rentrée d'avoir lieu encore en 1995. Presque normalement[9]. La longue litanie des martyres de l'intégrisme s'égrène, jour après jour. On a l'impression que jamais on ne sortira de cette nuit. Et pourtant chaque jour, des femmes continuent de vivre, d'aimer, d'aller travailler, d'étudier, d'enseigner, de se faire belles, d'être femmes. En un mot de résister.

9. Entre temps, 700 écoles ont été détruites, brûlées ou endommagées. Et certains enseignants manquent à l'appel : les coopérants étrangers, mais aussi certains Algériens qui « craquent » après de multiples menaces, la mort d'amis ou de parents, ou un attentat raté contre eux.

UNE ALGÉRIENNE DEBOUT, KHALIDA MESSAOUDI

La première fois que j'ai rencontré Khalida Messaoudi, c'était à la Conférence de Vienne sur les Droits de l'homme, en 1993. Une conférence de l'ONU où les organisations de femmes de la planète avaient décidé de faire juger par un tribunal symbolique les violences à l'égard des femmes. Khalida Messaoudi était venue à la tribune pour témoigner de celles que subissaient les femmes de son pays. Son discours avait totalement bouleversé l'immense amphithéâtre, plein à craquer. Quand l'assistance s'était levée pour l'applaudir, tout le monde pleurait, même les interprètes de l'ONU dans leurs cabines. Il y avait eu un élan extraordinaire de solidarité, de compassion, de la part de toutes ces femmes venues d'horizons si divers et dont beaucoup subissaient dans leur propre pays des violences indicibles : Bosniaques ou Serbes confrontées aux horreurs de la guerre de purification ethnique, Indiennes brûlées vives, Africaines et Égyptiennes infibulées et excisées...

Pourtant, la parole de Khalida ne faisait pas appel à la sensiblerie. C'était une parole forte, précise dans le récit et la dénonciation, accusatrice. La parole déterminée d'une résistante. D'autant plus bouleversante qu'elle venait d'une petite femme, mince et frêle d'aspect, avec ses taches de rousseur qui lui donnent un petit air frondeur. À l'époque, Khalida Messaoudi est encore membre du CCN - Conseil consultatif national - un organisme mis en place par le défunt président Mohamed Boudiaf à côté du HCE, le Haut Comité d'État, qu'il présidait. Mohamed Boudiaf, un opposant de la première heure au régime Ben Bella, arrêté, torturé puis exilé au Maroc où il vivait depuis près de trente ans, avait été choisi par les militaires pour tenter de remettre l'Algérie sur les rails après la destitution de Chadli et l'annulation des élections législatives. Pour Khalida,

Enseigner les maths, se battre pour l'égalité, la démocratie.
Même condamnée à mort par les « soldats de Dieu », Khalida Messaoudi ne désarme pas.
Alger, février 1990. Cours au lycée français.

ce « vieux du FLN », d'abord accueilli avec méfiance, avait été la divine surprise. Il avait très vite compris le désarroi de ce peuple dont il vivait séparé depuis trente ans, et le désespoir de sa jeunesse. Il parlait sa langue. « C'est le premier président que j'ai entendu parler l'arabe algérien à la télévision. Tous les autres parlaient l'arabe classique, que le peuple ne comprend pas. Un peu comme si les hommes politiques français faisaient leurs discours en latin », souligne Khalida.

Ce président qui sait parler au peuple sait aussi l'écouter. Et écouter les femmes. Ainsi s'est-il longuement entretenu avec Khalida, présidente de l'Association indépendante pour le triomphe du droit des femmes. Il l'a aussi interrogée sur les méfaits de l'arabisation hâtive du système d'éducation. Un sujet sur lequel, en temps que professeur de mathématiques, elle a beaucoup à dire. C'est à la suite de cet entretien qu'il lui demandera de faire partie du CCN. « J'ai aussitôt accepté, raconte-t-elle. J'étais conquise et persuadée qu'on pouvait faire quelque chose de bien pour l'Algérie avec cet homme. » Khalida évoque toujours le cœur serré l'assassinat de celui en qui elle n'était pas la seule à avoir mis tous ses espoirs. « Il était conscient de l'injustice faite aux femmes. Il réfléchissait à l'abolition du Code de la famille. Dans son dernier discours, à Annaba, quelques minutes avant sa mort, il avait dit : “ une société sans femmes est une société infâme... ” Il gênait trop de gens en place dont il avait dénoncé la corruption. Pas seulement les islamistes. C'est lui qui a inventé l'expression “ mafia politico-financière ”. Il voulait réaliser une double rupture, avec cette mafia qui a mené l'Algérie à la catastrophe - et qui est toujours là -, et avec l'intégrisme. Il voulait pour cela s'appuyer sur un vaste rassemblement national démocratique qu'il avait commencé à constituer. Il allait réussir et c'est pourquoi on l'a tué. »

Un an après, les membres du CCN avaient tous été condamnés à mort par les « soldats de Dieu ». Khalida me montrera la lettre qu'elle a reçue. Elle est datée du 12 juin 1993 et signée Saïd Mekhloufi, un ancien officier de l'armée algérienne, alors chef de l'AIS (Armée islamique de libération), le bras armé du FIS. Elle porte cet incroyable entête : « De la part des soldats de Dieu, alliés et dépositaires du Clément, aux collaborateurs du Despote, alliés et dépositaires de Satan. » Accusée d'apostasie, elle est menacée d'être « emportée par la violente tempête du *Djihad* ». « Rien n'arrêtera les soldats de Dieu qui poursuivront et tueront les traîtres, apostats et criminels, qu'ils soient à l'intérieur ou à l'extérieur », proclame notamment le texte.

« Depuis quelques mois déjà, je ne dors plus chez moi. Je n'ai plus d'adresse. Les militants qui me protègent et mes parents savent seuls où me joindre », dit Khalida. Elle ne crâne pas, elle avoue qu'elle a peur, qu'elle trouve insupportable cette vie traquée, qu'il lui arrive de pleurer. Mais elle ne désarme pas. Elle n'a jamais songé à fuir : « Face à un peuple qui résiste, qui suis-je pour fuir ? », dit-elle. Qui est-elle, cette rebelle qui rêve de ressembler à la Kahina, dont elle a la rousseur et la peau blanche ? Au gré des interviews, de son livre aussi [10] j'ai appris à mieux la connaître. Née dans une famille maraboutique [11] de Kabylie, mais élevée à Alger, elle a reçu une éducation très religieuse et très traditionnelle. « Ma mère avait été retirée de l'école à onze ans et, parce que femme de marabout, elle vivait recluse depuis son mariage. Elle n'est pas sortie une fois en trente ans » raconte-t-elle. De là, sans doute, sa passion de la liberté et de l'étude, que les siens ne contrarièrent pas, mais encouragèrent au contraire : « Ma grand-mère, femme pieuse et analphabète, me disait de ne pas faire le ramadan quand j'étais au lycée, parce que ça pouvait nuire à mes études. Pour Dieu, disait-elle, ton ramadan, c'est tes études. Si elle vivait encore, les intégristes l'assassineraient pour impiété ! »

L'étude, Khalida s'y livre avec passion. Elle doit son amour du raisonnement et son esprit critique à des professeurs communistes - notamment son professeur de philosophie, Rabah Guenzet [12] - qui initie ses jeunes élèves aux grands philosophes arabes comme Averroès. Un homme qui disait déjà, au XIIe siècle : « Une société qui asservit les femmes est

---

10. *Khalida Messaoudi, une Algérienne debout*, entretiens avec Élisabeth Schemla, avril 1995, Éditions Flammarion.
11. Les marabouts existent dans toute l'Afrique du nord. Ce sont à l'origine des hommes de religion, descendants du prophète, objets d'une véritable vénération populaire. Ils sont considérés comme des Saints, bien que l'islam ne comporte pas le culte des Saints et même, le proscrive. Leurs tombeaux sont visités par les fidèles qui y déposent des offrandes pour obtenir l'accomplissement de leurs vœux. Leurs descendants sont respectés et jouissent d'une autorité particulière. Le mot marabout vient de *ribat*, lieu fortifié où s'installèrent au XIe siècle les cavaliers-prêcheurs venus d'Arabie qui parachevèrent l'islamisation du Maghreb.
12. Rabah Guenzet, nommé par le président Boudiaf, membre du Conseil consultatif national, a été assassiné par les intégristes en 1994.

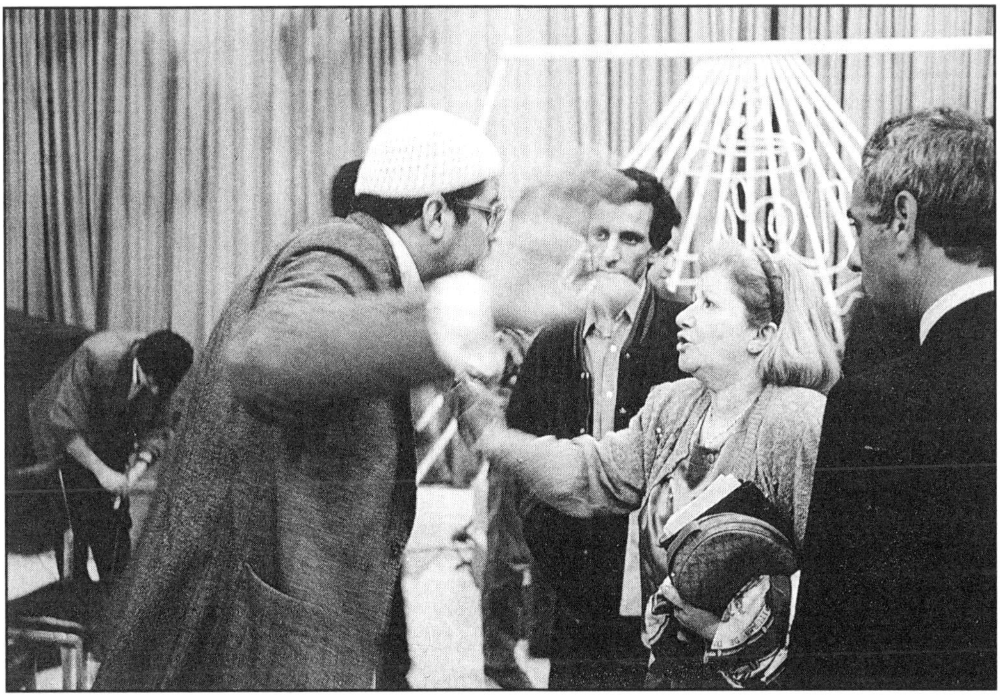

« A quel moment une femme est majeure à vos yeux ? », lance Khalida Messaoudi à Abassi Madani. Hors caméra, après le même débat, Fatouma Ouzgan, une moudjahidat *affronte un lieutenant d'Abassi Madani. Alger, février 1990. Face à la presse.*

vouée à la décadence ». A la fin des années 1970, il sentait encore le soufre aux yeux des hauts fonctionnaires timorés et tatillons qui concoctaient les programmes de l'éducation nationale. Tout comme Voltaire ou Kateb Yacine, et l'on n'en parlait tout simplement pas[13].

Étudiante, Khalida Messaoudi découvre aussi la politique et le féminisme. En 1980, c'est le printemps berbère. Elle prend fait et cause pour les étudiants de Tizi Ouzou qui réclament le droit de pratiquer leur langue et leur culture. Elle-même connaît depuis l'enfance quatre langues : le français et l'arabe classique, langues de ses études, l'arabe dialectal algérien, langue de la vie quotidienne, le berbère, langue de sa culture ancestrale qu'elle connaît surtout par les chansons et la poésie. « Je considère ce multilinguisme comme une chance extraordinaire qu'ont eu les gens de ma génération, en général ceux qui ont aujourd'hui entre trente et cinquante ans, dit-elle. Une ouverture sur nous-mêmes et sur le monde. J'ai eu la chance de fréquenter l'école de Jules Ferry, l'école laïque, c'est à dire l'école de la liberté. Seule la laïcité est capable de respecter toutes les langues, toutes les cultures et toutes les religions. Même si, déjà à l'époque, on y apprenait à faire la prière, ce qui n'est pas très laïc. Mais à côté de ce qui a suivi avec l'arabisation des années 70, ce n'était rien. » Khalida admire les chefs du printemps berbère, qui seront tous arrêtés et emprisonnés, parfois torturés. Parmi eux, il y a les chanteurs Ferhat et Matoub Lounès, mais aussi Saïd Sadi, fondateur du Mouvement culturel berbère, devenu un leader politique de la nouvelle génération, dont elle sera porte-parole pendant la campagne présidentielle de novembre 1995. À cette époque, elle rompt avec ses amis communistes qui voient dans la revendication berbère un risque de sécession.

Quant au féminisme, elle y fera ses premières armes en 1981, quand le président Chadli Bendjedid tente de faire passer le Code de la famille. Cette première bataille, où elle a côtoyé les *moudjahidate*, ces résistantes de la guerre de libération qu'elle admire tant, est victorieuse. Du moins

---

13. Fin 1993, un sondage a été réalisé auprès d'une centaine de lycéens des classes de terminale d'Alger. On leur a demandé qui étaient Saint-Augustin, Apulée, Averroès, Ibn Khaldoun. Aucun ne les connaissait. Ils ne savaient ni à quel siècle ils avaient vécu, ni leur nationalité, encore moins ce qu'ils avaient écrit. Ils n'en avaient tout simplement pas entendu parler : ces auteurs n'étaient pas au programme. Ceux qui ont tout de même essayé de répondre au hasard pensaient qu'il s'agissait d'étrangers.

Khalida le croit-elle. Comme les *moudjahidate* avaient cru acquise l'égalité des femmes en 1962. « On a eu tort de baisser la garde, de s'endormir sur nos lauriers, dit-elle aujourd'hui. On ne réalisait pas que le pouvoir faisait déjà cause commune avec l'ennemi islamiste, que le FLN était en train de faire son recyclage idéologique. »

Elle s'en rendra très vite compte, au cours des années suivantes, en exerçant son métier de professeur de mathématiques. L'arabisation va grand train. Une arabisation bâclée, faite par des professeurs importés du Moyen-Orient qui prêchent soit le baasisme (idéologie mêlant étatisme, nationalisme arabe et laïcité, dont les principaux représentants sont Saddam Hussein en Irak et Hafez el Assad en Syrie), soit l'islamisme. « On est le seul pays, je crois, à avoir réussi la synthèse entre ces deux idéologies opposées et totalement étrangères à l'Algérie. Résultat : notre enseignement a formé des zombies, des jeunes qui ne savent ni qui ils sont ni dans quel pays ils vivent. C'est un échec total, il n'y a qu'à regarder les résultats du bac : dans les meilleures années, il y a 15 % de reçus. Les 85 % qui sont exclus deviennent chômeurs, trabendistes[14] ou terroristes. On se demande comment certains échappent à cette programmation. Pour moi, dit-elle encore, l'intégrisme, comme le racisme, n'est pas une opinion politique mais un délit. »

Confrontée à cet intégrisme qu'elle appelle « le fascisme vert », Khalida sera dès lors de toutes les manifestations, de tous les combats des femmes, mais aussi des hommes démocrates de son pays. Présidente de l'Association indépendante pour le triomphe du droit des femmes (AITDF) elle est aussi vice-présidente du MPR, le Mouvement pour la République, créé par Said Sadi, « l'homme que j'admire le plus » dit-elle. Elle ne craint pas d'affronter les intégristes : en 1990, son face à face télévisé avec Abassi Madani, le dirigeant du FIS, la rend célèbre dans toute l'Algérie. L'homme défend *mordicus* le Code de la famille - « seule loi qui soit conforme à la *Charia* », dit-il - qui fait de la femme une éternelle mineure. « Je lui ai demandé à quel moment une femme est majeure à ses

14. Nom que l'on donne en Algérie aux trafiquants qui se livrent au marché noir ou aux ventes de produits prohibés (du mot espagnol trabendo).

Trois générations de femmes se recueillent sur une tombe, un vendredi.
Dévoilées les jeunes défient la mort intégriste.
Alger, 1994. Cimetière de Kouba.

yeux, raconte-t-elle. Sa réponse a été ahurissante : à la puberté, a-t-il dit. C'est-à-dire quand elle peut se marier, avoir des enfants et faire le ramadan. Et cet homme prétendait gouverner l'Algérie ! »

Son engagement, Khalida a bien failli le payer de sa vie. Le 29 juin 1994, lors d'une manifestation contre l'intégrisme organisée à l'occasion de l'anniversaire de l'assassinat du président Boudiaf, une bombe explose au passage de la foule. Il y a deux morts et une soixantaine de blessés. Parmi les blessés, Khalida, touchée à la jambe par des éclats métalliques. Ce qu'elle garde au cœur et en mémoire de cette terrible journée, c'est l'élan des femmes, nombreuses dans cette foule, qui, passé le premier moment de stupeur et de panique, exigent que la manifestation continue, qu'elle aille jusqu'au bout. Pour ne pas céder à l'intégrisme.

« Quand je vois le courage de ces femmes, ce jour-là comme chaque jour, je me dis qu'on n'a pas le droit de désespérer. Quand je les vois envoyer leurs enfants à l'école malgré l'interdiction du GIA, je me dis que ma résistance à moi, qui n'ai pas d'enfants, est facile, car je ne risque que ma peau. Quand je les vois sortir dévoilées, maquillées, aller au marché, au bureau, à l'usine, au lycée, à l'université, à la plage, bravant chaque fois les menaces du GIA... Malgré l'exemple de la petite Katia, égorgée à dix-sept ans devant son lycée parce qu'elle sortait sans voile. Malgré celui de Kheïra, séquestrée et violée comme tant d'autres dans les maquis du GIA, et qui a le courage immense de témoigner de ce qu'elle a vécu. Quand je vois ce que font chaque jour toutes ces héroïnes anonymes, je me dis : Khalida, il y a de l'espoir. »

UNE DAME DE CŒUR, SAÏDA BENHABYLÈS

Saïda Benhabylès est ce que l'on appelle d'emblée une dame. Toujours impeccablement coiffée, tirée à quatre épingles dans des tailleurs BCBG. On a du mal à croire que cette femme, qui fut ministre et femme de ministre, court maintenant les banlieues les plus sordides d'Algérie pour aller porter secours aux victimes du terrorisme. Et pourtant, elle le fait. Et elle y va sans se déguiser en pauvresse ou se cacher sous un voile. « Je suis telle que je suis et je vais partout comme je suis, dit-elle avec simplicité. Le gens m'acceptent. »

Saïda Benhabylès dirige l'association d'Aide aux victimes du terrorisme, dont elle a eu l'idée en voyant se multiplier les détresses de femmes et d'enfants abandonnés, laissés sans ressources après le meurtre du chef de famille par les intégristes. Elle est également responsable d'une association d'Aide aux femmes rurales. À ce titre, elle travaille depuis des années à des programmes d'alphabétisation, de création de coopératives, de centres de planning familial, surtout dans le sud, car elle vit depuis des années à Médéa. Elle a donc une solide pratique du travail social, sur le terrain. Sa méthode : y aller et parler aux gens, les écouter. « Ça n'avance pas vite mais ça avance. Il faut y aller pas à pas, en tenant compte des mentalités, mais surtout de la préoccupation principale des gens. Et cette préoccupation, c'est la justice sociale. L'islamisme, c'est un problème que nous avons créé nous-mêmes en laissant se développer toutes ces idées fausses, simplistes, sur le terreau de la misère et des problèmes sociaux. Il faut les battre sur leur terrain, il n'y a pas d'autre solution. Et montrer aux gens que ce que font les intégristes n'a rien à voir avec l'islam. Je suis moi-même croyante et pratiquante et je sais qu'aucun texte n'oblige les femmes à porter le voile.

Je le dis et je le montre. Et je continuerai, même si, comme beaucoup d'autres, j'ai reçu des menaces. »

Les victimes du terrorisme représentent un problème immense dans l'Algérie d'aujourd'hui. On compte plus de dix mille veuves et des dizaines de milliers d'orphelins, que le Code de la famille interdit d'adopter. « Pour la plupart, personne ne parle de ces gens qui font partie des plus pauvres et des plus démunis, dit Saïda Benhabylès. On annonce la mort des gens connus, des intellectuels, des journalistes, mais pas celle de ce livreur de pain abattu, l'autre jour aux Eucalyptus, parce qu'il avait livré des croissants à une famille de policier. Il y en a beaucoup, des simples gens, des ouvriers. C'est même la majorité. Leurs femmes et leurs enfants se retrouvent dans des situations terribles. Nous essayons de les aider. Nous avons créé un fonds d'aide alimenté par des dons. Là encore, ce ne sont pas les plus riches qui donnent le plus. Les ouvriers de l'usine sidérurgique d'el Hadjar ont tous donné une journée de salaire. »

ANCIEN MINISTRE ET RÉSISTANTE, LEILA ASLAOUI

Leila Aslaoui, ancien ministre, est aujourd'hui une des responsables de cette même association. Et aussi une victime du terrorisme. Ministre de la jeunesse et des sports, poste à haut risque dans un pays où les islamistes veulent interdire aux femmes la pratique du sport, elle fut ensuite porte-parole du gouvernement. Mais quand le président Zeroual a annoncé l'ouverture d'un dialogue avec les dirigeants du FIS qu'on venait de libérer, elle a donné sa démission. Elle ne pouvait pas accepter que l'on négocie avec des assassins.

Des assassins qu'elle connaît bien, et depuis longtemps. Cela a commencé par une attaque au vitriol quand elle était étudiante. Et ça n'a jamais cessé : en 1994, ils ont tué son mari, dentiste réputé d'un quartier populaire. L'assassin est venu au cabinet, s'est fait passer pour un patient, s'est assis dans le fauteuil et l'a abattu. Leila Aslaoui n'avait pas attendu ce meurtre pour déclarer la guerre aux intégristes. Mais cette atteinte terrible, qui a failli la détruire, a encore renforcé sa détermination. Juriste, elle a décidé d'utiliser les armes qu'elle connaît bien, celles du droit. Ainsi, au nom de l'Association des victimes du terrorisme, a-t-elle déposé une plainte auprès de la justice américaine contre Anouar Haddam, l'un des principaux dirigeants du FIS, qui vit à Washington un exil doré d'où il revendique de temps à autre les attentats commis par le GIA. C'est lui, par exemple, qui a justifié l'assassinat du psychiatre Ahmed Boucebçi, en 1993, affirmant tranquillement qu'il s'agissait de « l'exécution d'une sentence ». Il a aussi revendiqué l'attentat à la voiture piégée qui fit plus de quarante morts en janvier 1995 devant le commissariat central d'Alger. « Ce n'est pas de notre faute, a expliqué Haddam, c'est le hasard qui a voulu qu'un bus passe juste à ce moment-là. »

« Nous n'avons pas d'autre choix que de nous battre, dit Leila Aslaoui. C'est un crime contre l'Humanité qui se commet en Algérie sous les yeux du monde entier. Je dénoncerai ce crime tant qu'il me restera un souffle de vie. Je dénonce aussi l'attitude de ceux qui, en Europe et aux États-Unis, regardent cela sans broncher. Ils considèrent l'Algérie comme un laboratoire d'essai qui doit passer par l'intégrisme pour voir ce que donnera l'expérience. Nous, nous savons déjà ce que cela donne. Et nous n'en voulons pas. Nous ne sommes pas prêtes, nous les femmes de ce pays, à jouer l'avenir républicain de l'Algérie à la roulette russe. Instruites par notre histoire et par notre souffrance, nous ferons face à l'intégrisme pour lui barrer la route. Quel qu'en soit le prix. Les Européens feraient bien d'y réfléchir et de nous aider, car nous sommes tous dans la même galère. » Le 8 mars 1995, à Alger, elle tenait le rôle de procureur devant le tribunal organisé à l'occasion de la journée internationale des femmes par le RAFD [15], association que dirige une autre grande figure du féminisme algérien, Zazi Sadou. Un tribunal devant lequel étaient appelés à comparaître, par leurs victimes, les instigateurs du terrorisme intégriste, les commanditaires des crimes qui ensanglantent l'Algérie. Mais aussi l'ancien président Chadli Bendjedid, accusé d'avoir violé la constitution dont il était sensé être gardien en donnant son agrément au FIS, le 6 septembre 1989.

15. Selon le RAFD (Rassemblement algérien des femmes démocrates ; le mot raft signifiant également refus), en 1994, parmi les victimes du terrorisme, on a comptabilisé : 1 800 ouvriers spécialisés, 1384 chômeurs, 682 fonctionnaires, 670 membres de professions libérales, 350 commerçants, 304 paysans, 217 femmes, 122 *moudjahidin* (anciens combattants), 101 enseignants, 95 retraités, 67 enfants, 61 étrangers, 52 imams, 41 étudiants, 30 journalistes ou professionnels de la presse, 25 membres du corps médical.

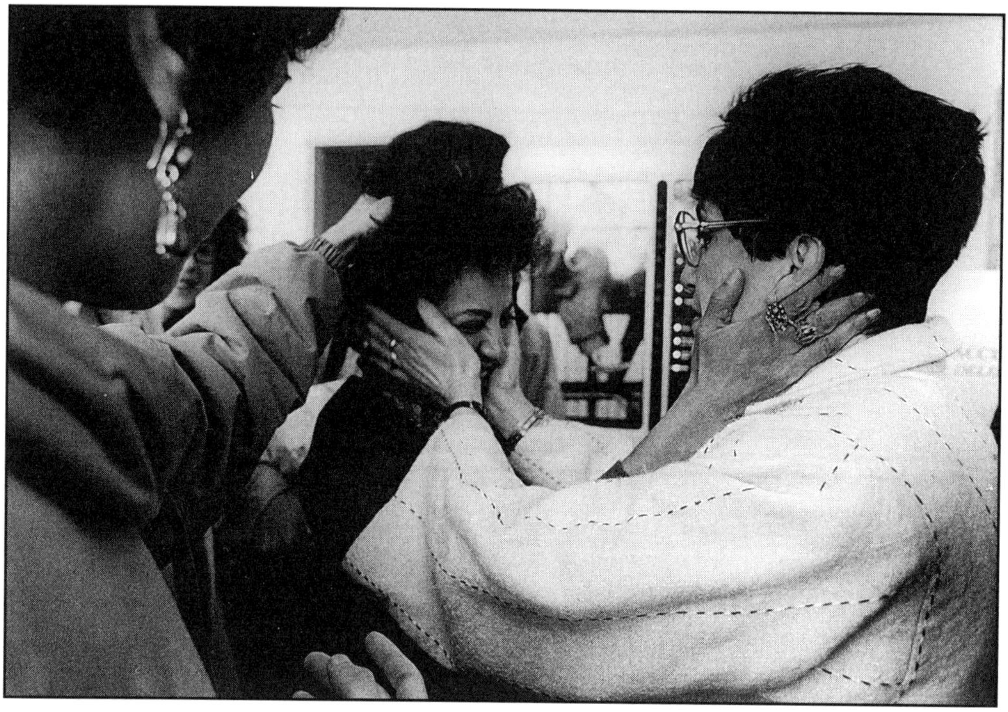

Zazi Sadou dans l'élan des retrouvailles au congrès international des femmes.
Le Blanc-Mesnil, avril 1994.

JOURNALISTE, PASIONARIA, ZAZI SADOU

Devenue journaliste après avoir été professeur de mathématiques, Zazi Sadou est sans doute l'une des femmes les plus menacées par les intégristes. Militante infatigable, elle utilise toutes les tribunes, en Algérie comme à l'étranger, pour réveiller les consciences et mobiliser contre une idéologie qu'elle assimile sans hésiter au nazisme. Oratrice passionnée, elle bouleverse les auditoires par ses témoignages et ses récits de la vie quotidienne des Algériennes et des drames qu'elles subissent. Que ce soit à la tribune de l'Unesco, devant les femmes réunies à Alger chaque 8 mars, à la fête de l'*Humanité* en 1994, lors d'un meeting de solidarité à la Mutualité ou à la tribune de la Conférence mondiale des femmes de Pékin, la parole de Zazi, les images qu'elle fait surgir, suscitent une émotion profonde. Notamment lorsqu'elle parle de ces jeunes filles, presque des enfants, enlevées par centaines et violées par les « soldats d'Allah », dont elle fut la première à recueillir et faire connaître les témoignages. Plus qu'un long discours, le texte qu'elle publia en janvier 1995 dans le journal algérien *el Watan* dit tout de leur martyre. J'en ai extrait ce passage qui figure également dans le témoignage donné par Zazi à la Conférence de Pékin :

« Nous l'appellerons Ouarda. Elle est encore adolescente avec ses dix-sept printemps, ses beaux cheveux couleur de jais qu'elle portait longs avant que les criminels ne les lui tondent au rasoir. Ce jour-là, elle revenait vers sa maison dans un quartier du centre d'Alger. Un jeune l'aborde. Elle n'a pas le temps de comprendre qu'il la pousse violemment dans une voiture, lui bande les yeux, et c'est le chemin de l'enfer. " J'étais tellement saisie de terreur, raconte Ouarda, que pendant toute la durée du trajet, je n'ai pas dit un mot. " Arrivée dans une vieille maison d'où elle ne ressortira pas pendant de longs mois, Ouarda se retrouve en compagnie de plus d'une dizaine de jeunes filles dont la plus petite n'avait pas encore douze ans. “ Quand j'ai vu toutes ces filles, je me suis un peu calmée. Quelques unes avaient mon âge. Deux ou trois avaient vingt ans. Elles avaient toutes été kidnappées dans la rue ou directement chez elles. Il y avait un groupe de jeunes armés qui nous surveillaient à tour de rôle. Chaque matin, ils répartissaient les tâches pour celles qui devaient cuisiner, laver le linge et coudre. Moi, je lavais leur linge. ” Quelques jours après son enlèvement, au moment du repas, Ouarda sent les yeux de ses gardiens braqués sur elle. “ Ils se parlaient et riaient en me regardant. J'étais terrorisée. Je me suis dit : mon Dieu, aujourd'hui ça va être mon tour. Ils ont sorti les autres filles dehors puis deux terroristes sont entrés, toujours avec leurs armes. L'un d'eux est ressorti pour garder la porte. L'autre m'ordonna d'enlever mon pantalon. J'ai refusé. J'ai dit que Dieu condamnait cela, que nous n'étions pas mariés. Il m'a menacé de son poignard en me disant qu'il allait me balafrer mais que de toutes façons il ferait ce qu'il voulait, que Dieu le lui permettait parce qu'il était un *moudjahid*, et qu'il m'épouserait plus tard. Il était très menaçant, méchant. J'ai vraiment eu peur quand il a passé la lame de son couteau sur ma joue. J'ai enlevé mon pantalon en pleurant. Alors il m'a dit d'enlever ma culotte. Je l'ai supplié au nom de Dieu, mais lui, il a pris une cigarette, l'a allumée, et a commencé à me brûler les cuisses. J'ai hurlé et j'ai fermé les yeux en m'adossant au mur. Il a recommencé avec sa cigarette et je me suis évanouie. Je n'ai plus rien senti. Quand je me suis réveillée, j'étais par terre, avec plein de sang. Je me suis mise à pleurer et je n'ai parlé à personne, même pas aux filles qui sont venues vers moi. ” Ouarda savait par les autres ce qui l'attendait. Elle raconte ensuite comment elle a vécu l'angoisse de ses compagnes, celle de se retrouver enceinte, comme l'une d'elle : “ Elle était enceinte de plusieurs mois et elle souffrait. Il y avait des nuits où on restait éveillées tellement elle gémissait. Elle pleurait tout le temps. Ce qui l'affolait, c'était l'idée de retourner vers ses parents et d'être rejetée par eux à cause de sa grossesse...” “Un soir, raconte encore Ouarda, il y en a une qui a décidé de fuir, coûte que coûte. Elle était là depuis des mois. Elle pensait à sa mère, à sa famille, à leur déshonneur. Nous avons essayé de la dissuader, mais au milieu de la nuit, elle se leva et essaya de sortir. L'un des gardes qui dormait avec nous s'éveilla, la saisit par les cheveux, fit de la lumière et l'abattit, là, devant nous, de deux balles dans la tête, comme une bête. Puis ils ont jeté son corps dehors. "

Ouarda s'en est sortie et a eu la chance de ne pas être rejetée par les siens. Maintenant, dit Zazi Sadou, elle vit cachée, craignant des représailles parce qu'elle a parlé. La plupart des 217 femmes assassinées en 1994 (statistiques officielles), avant d'être abattues ou égorgées, ont été violées et mutilées. Parfois pour avoir résisté, comme ces deux sœurs de quinze et dix-huit ans, Zouleika et Saïda, qui avaient refusé le *Zaoudj el Muttawa* ou " mariage temporaire de jouissance ". Une pratique interdite dans l'islam sunnite, mais courante en Iran, où elle sert aussi à camoufler la prostitution. En fait, c'est du viol déguisé, et même rendu licite par la bénédiction d'un imam qui doit faire semblant de croire à ce " mariage ". Des imams ont été assassinés par les terroristes pour avoir condamné ces pratiques. Mais les enlèvements et les viols continuent. Au printemps 1994, à Blida, un bus transportant des étudiantes a été détourné avec la complicité du chauffeur. Et au printemps 1995, lors de l'assaut mené par les forces de sécurité contre les maquis islamiques de la région d'Ain Défla, les soldats ont libéré une centaine de femmes qui y étaient retenues prisonnières. La plupart étaient de toutes jeunes filles. Toutes avaient été violées et beaucoup étaient enceintes. »

Pourquoi un tel acharnement contre le corps des femmes de la part d'hommes qui prétendent établir en Algérie la pureté morale d'une société islamique idéale ? « Pour deux raisons essentielles, dit Zazi Sadou. Parce que les femmes, dans les moments historiques de crise, de rupture, cristallisent le mouvement du progrès. En bloquant l'émancipation de la femme, les intégristes espèrent bloquer l'évolution de toute la société, ou du moins la contrôler, la diriger dans un sens qui leur soit favorable. L'autre raison tient à la résistance extraordinaire des femmes algériennes, à laquelle ils ne s'attendaient sans doute pas, et qu'ils veulent briser à tout prix. C'est pourquoi ils s'attaquent à ce qui fait la femme différente, c'est-à-dire son corps, son sexe. Mais nous ne nous laissons pas intimider. Nous continuons d'être femmes et fières de l'être. Nous continuons de soigner notre tenue, d'être coquettes, de nous coiffer, de nous maquiller. Nous nous lançons des défis à nous-mêmes qui sont en réalité des défis à nos ennemis. Sortir avec un rouge à lèvres éclatant, c'est un défi. Entre nous, il nous arrive de rire de ces choses. Par exemple cette devinette : " Savez-vous pourquoi une femme algérienne doit toujours être belle ? Parce que si un type la suit dans la rue, elle ne sait jamais si c'est pour la buter ou la culbuter. Dans les deux cas, c'est mieux d'être en beauté. " Cela peut surprendre, ce genre de blagues, par les temps qui courent. Mais c'est comme les rires d'enfants, ça aide à vivre. Et je peux vous dire qu'en ce moment, en Algérie, elles pullulent... Le désespoir, la résignation ne sont pas dans notre nature. »

Certaines de ces histoires inventées par les femmes sont cruelles. C'est le cas de celle-ci, que m'a racontée l'écrivain Malika Mokkedem. Le prophète décide un jour de faire une visite en enfer. On lui ouvre les portes et il entre dans une grande salle pleine de marmites bouillonnantes. Auprès de chaque marmite se trouve un diable cornu, muni d'une grande pique : dès qu'un damné émerge et tente de s'échapper, il lui enfonce à nouveau la tête dans le bouillon. Une seule marmite reste sans surveillance. Le prophète demande pourquoi et un diable lui répond : « C'est inutile. Ce sont les Algériens. Si l'un d'eux cherche à s'échapper, les autres se chargent eux-mêmes de le tirer par les pieds pour l'enfoncer. »

JEUNE ET ENRAGÉE, KARIMA HAMMACHE

Les jeunes Algériennes refusent cette vision désenchantée de leur pays et ne se reconnaissent absolument pas dans le tableau qu'on en donne de ce côté-ci de la Méditerranée. C'est le cas de Karima Hammache, du mouvement RAJ. Trois lettres qui sont le sigle du Rassemblement-Action-Jeunesse et qui donnent les mots « enragées » et « enragés ». Ainsi s'appellent les garçons et les filles de ce mouvement, le seul qui soit mixte et d'ailleurs dirigé par une femme, Dalila Taleb.

Quand j'ai rencontré Karima, j'ignorais tout du RAJ. J'avais été frappée par son enthousiasme, sa gaieté, sa vitalité. Elle avait pris la parole lors d'une soirée de solidarité où des femmes algériennes avaient parlé de leur peur, des menaces qui pesaient sur elles, du Code de la famille et de l'épée de Damoclès que représentait pour elles la polygamie, des familles déchirées, des amis assassinés. Tout à coup, en quelques mots, Karima avait balayé ce noir tableau. « J'ai l'impression, avait-elle dit, que vous parlez d'un autre pays que le mien. C'est peut-être une question de génération, mais nous, on ne voit pas les choses aussi noires. Notre association, au départ, c'est une bande de copains qui se sont dit, après les grandes manifestations de 1988, qu'on ne pouvait pas en rester là. Il fallait que la jeunesse se bouge, qu'elle prouve sa capacité à se prendre en charge et à agir. Tous ensemble, filles et garçons, sans distinction, sans demander aux uns ou aux autres à quel parti, de quel courant ils sont. D'ailleurs, chez nous, on a aussi des filles en *hidjab*. Tout ce qu'on demande, c'est que chaque jeune qui vient respecte l'autre et n'essaie pas d'imposer son point de vue. C'est la moindre des choses, non ? Maintenant, je vais vous dire ce qui m'a choquée ici : c'est que dans votre réunion, il n'y a pas d'hommes. Ni à la tribune, ni dans la salle. Chez nous, au RAJ, c'est une chose impensable. »

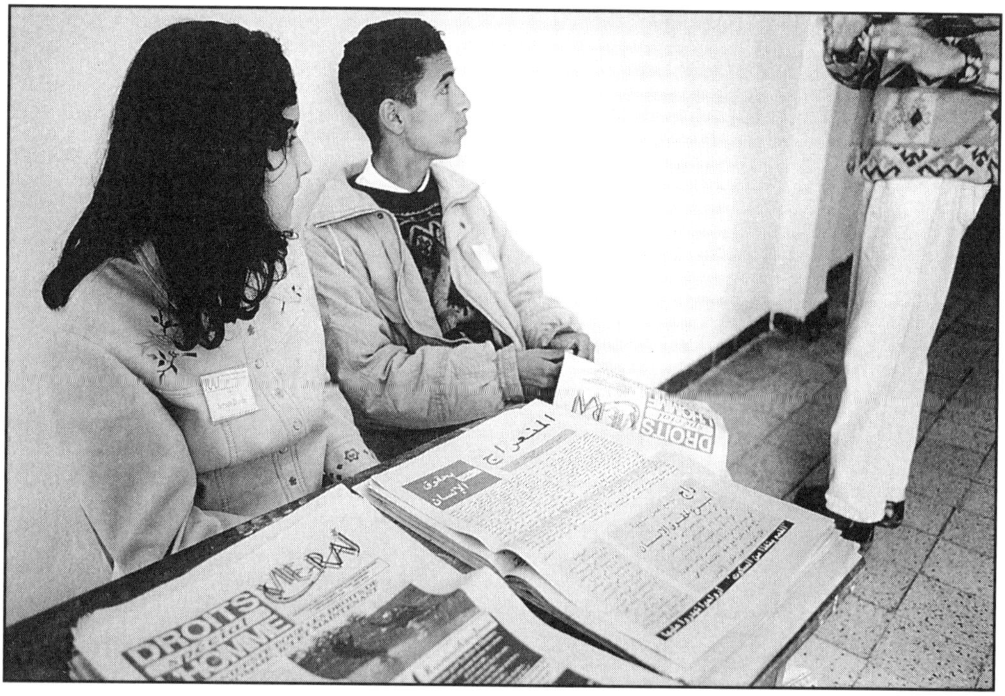

Croisées de regards et d'espoirs. Garçons et filles du RAJ n'ont pas froid aux yeux. Tranquilles enragés, ils vendent Vie-Raj *, leur journal, défendent les droits de l'homme et de la femme, revendiquent la mixité. Alger, 1995.*

Quand j'ai revu Karima, elle m'a dit qu'elle avait été réellement choquée par cet espèce d'apartheid. « Je crois que nos aînés sont à côté de la plaque. Dans ma génération, il n'y a pas cette séparation entre le monde féminin et le monde masculin, ou en tous cas beaucoup moins. RAJ en est la preuve. »

« En fait, l'association n'a été officiellement créée qu'en 1993, à cause des paperasses, de l'administration qui se méfiait un peu. Nous choisissons des activités et des thèmes susceptibles de toucher les jeunes, de les mobiliser. On a commencé par la musique : on a organisé des concerts, des fêtes. Ça a très bien marché, même dans des quartiers comme Bab el Oued. On l'avait choisi exprès pour combattre l'idée qu'on ne peut rien faire dans ce genre de quartier. Le 3 mai 1994, on a fait des conférences à l'université sur la liberté de la presse. On a aussi distribué des capotes dans les lycées et parlé du Sida. Ça, en Algérie, il fallait le faire. Ça n'a pas été facile, mais on a réussi. Malgré quelques grincheux qui nous ont dit qu'on devrait avoir honte et qu'on ferait mieux de rentrer chez nous. On rend aussi visite aux jeunes victimes du terrorisme dans les hôpitaux. L'été, on a organisé des sorties à la plage le week-end, filles et garçons ensemble. D'accord, il n'y avait pas beaucoup de filles, mais il y en avait. Et comme tout se passe bien, il y en aura plus la prochaine fois. »

« Notre but, dit Karima, c'est de rétablir le contact entre les jeunes. Nous en avons de tous les milieux. Beaucoup d'étudiants et de lycéens, bien sûr, mais aussi des jeunes ouvriers, des jeunes chômeurs. Nous voulons apprendre à vivre ensemble, à nous connaître en faisant des choses, et en commençant par les choses les plus simples et les plus naturelles pour des jeunes : s'amuser et s'entraider. Si possible les deux ensemble. On n'a jamais vraiment appris ça en Algérie. Ainsi on fait des fêtes où se produisent des jeunes chanteurs : ils se font connaître et tout le monde s'amuse. On organise des expositions pour de jeunes artistes : ça les aide et ça permet à plein de jeunes de prendre contact avec l'art. On n'a pas d'argent, pas de subventions, mais on se débrouille : on demande des bus, des salles gratuites aux mairies. Elles les donnent, en général. En octobre, on fait notre festival. Pour commémorer octobre 88, où tant de jeunes sont morts. Ça a un succès formidable. C'est là qu'on voit qu'il y a dans la jeunesse beaucoup d'énergie et beaucoup d'espoir. On fait aussi des choses sérieuses : par exemple des tas de réunions avec les lycéens pour préparer des cahiers de revendications sur la réforme éducative. »

« Notre idéologie ? Elle est simple : nous sommes jeunes, nous voulons vivre et nous voulons la paix. Et nous disons et répétons que cela ne tient qu'à nous que les choses s'améliorent. Ça ne va pas nous tomber tout cru. La société de demain, c'est nous qui devrons la faire. Autant commencer tout de suite. Tous ensemble, filles et garçons, sans différence. Ça, on y tient, il n'est pas question d'y toucher. Comment on la voit ? Libre bien sûr, et plurielle. Parce que l'Algérie est plurielle. On ne peut pas lui mettre une étiquette, la cacheter... Il n'est pas question qu'un seul s'impose. Les islamistes, on n'a rien contre. Je l'ai dit, il y en a chez nous. Ils ont le droit d'exister, mais pas de s'imposer par la dictature. Le Code de la famille ? Bien sûr qu'on est contre. Et d'abord, pourquoi y aurait-il un statut spécial pour la femme. Il y a les droits de l'homme, ceux de la personne humaine, qui sont universels. Ça suffit, non ? »

L'enthousiasme de Karima et de ses amis a quelque chose de revigorant et de contagieux. Quand on lui en fait la remarque, elle part d'un grand éclat de rire : « Normal, puisqu'on a la rage ! La rage de voir ce qu'on est en train de faire de notre pays, mais aussi la rage de vivre. »

Malheureusement, l'association RAJ est une exception. Elle rappelle un peu ce que fut l'UNJA (Union de la jeunesse algérienne) des grandes années, avant d'être brisée, en 1981, par Chadli Bendjedid et son équipe qui l'accusaient d'être un repaire de communistes et de gauchistes. Les islamistes y voyaient quant à eux l'antre de Satan puisque filles et garçons s'y retrouvaient et travaillaient ensemble, organisant, comme RAJ aujourd'hui, festivals de musique, camps de vacances et chantiers de travail. Je me souviens avoir participé avec des jeunes à des « journées de volontariat » : on allait dans les campagnes participer aux moissons ou sur les hauts plateaux, aux confins du Sahara, planter des arbres sur le « barrage vert », sensé arrêter l'avancée du désert. Le travail que l'on abattait n'était pas considérable, mais c'était pour les jeunes, filles et garçons, une occasion irremplaçable de se connaître, de se côtoyer, d'agir ensemble. Ce n'était pas négligeable. Mieux en tous cas que le désert total de la décennie 1980.

« Pendant cette décennie-là, explique L..., une journaliste spécialiste du raï, les jeunes n'eurent d'autre refuge que le foot, la mosquée ou... la musique. C'est la grande époque du raï, musique populaire, mélange de rock et de rythmes andalous traditionnels, dont le thème principal est l'amour. Amours toujours malheureux, impossibles dans une société où les rencontres entre jeunes de sexe opposé sont mal vues... mais où la censure a cessé de couper les scènes d'amour à la télévision. Peine perdue, d'ailleurs, le déferlement des paraboles rendant toute censure inutile. »

Le chanteur oranais Cheb Hasni[16], assassiné par le GIA en 1994, symbolisait parfaitement cette culture du mal vivre qui était celle de la majorité des jeunes Algériens. « Ses chansons, dit encore L..., racontaient les rêves d'amour de filles et de garçons que tout sépare : traditions, culture, familles et surtout manque de logements. Elles disaient en mots tout simples, parfois très crus, dans cette langue du peuple qu'est l'arabe dialectal, leur immense frustration, leurs fantasmes, leur rêve d'un ailleurs de plus en plus inaccessible (avec la chanson " Le visa ", notamment). Baptisé " le Prince charmant du raï ", il faisait rêver filles et garçons. C'est pourquoi il a été tué : les intégristes considèrent que la musique est nocive, car elle distrait de Dieu. Le raï est à leurs yeux triplement coupable : c'est de la musique, il parle de l'amour et des femmes. Toutes choses éminemment perverses car suspectes à leurs yeux de " servir les desseins de Satan ". Inutile de dire que c'est pire encore quand ce sont des femmes qui chantent cette musique, comme Reinette d'Oran ou Cheikha Remitti. »

En créant, l'homme ne risque-t-il pas de défier Dieu ? Résultat : les subventions aux activités culturelles ont été supprimées, le conservatoire de musique d'Alger a été fermé après la victoire du FIS aux municipales, comme celui d'Oran, où le festival de raï a été interdit en 1993. Écouter du raï est devenu une manifestation de résistance à l'intégrisme dont la jeunesse ne se prive pas. Mes amies algériennes m'ont raconté comment toutes les plages retentissaient, l'été suivant la mort de Cheb Hasni, des chansons du jeune Oranais. Ce n'était évidemment pas le but recherché par les intégristes qui l'ont assassiné.

Aïcha, une jeune beur de vingt ans qui n'avait jamais mis les pieds en Algérie raconte, éblouie, ses vacances dans l'Oranais où elle avait décidé d'aller, malgré la situation, à cause de la situation peut-être, avec deux de ses amies. « Je voulais comprendre pourquoi ce pays, qui est celui de mes parents, celui de mes racines, en est là. J'avais très peur, mais j'étais décidée à voir par moi-même, à essayer de comprendre. J'ai trouvé un pays vivant, des gens cou-

16. *Cheb* signifie jeune en arabe.

Dans les tourbillons de la tourmente, chanter ou même écouter du raï manifeste une résistance à l'intégrisme.

rageux et chaleureux et qui ont dépassé la peur. Ils ne survivent pas, ils vivent. Mes cousines s'habillent comme vous et moi, sortent, s'amusent, travaillent. Elles font comme si les terroristes n'existaient pas. Et ça marche. J'ai été éblouie. Je les ai trouvées formidables et je suis fière, maintenant, d'être des leurs. Ça m'a fait un bien fou. J'ai l'impression de savoir qui je suis. » Une opinion partagée par son amie Ouassila, pour qui « l'Algérie ne ressemble pas à l'image qu'on en donne à la télé ». En fait, c'est ce décalage entre l'image médiatique et la vie quotidienne réelle qui les a le plus choquées.

Les témoignages recueillis depuis l'été 1995 concordent : la population, et surtout sa composante jeune et féminine, semble avoir dépassé le stade de la peur. Une étape qui pourrait bien se révéler décisive : 75 % de la population algérienne a moins de trente ans et elle est à 52 % féminine.

Les vacances finies, elle quitte grand-mère, cousines et amies pour l'autre rive.
Le regard toujours accroché à l'Algérie.
Le bateau Liberté entre Alger et Marseille, 1994

MARSEILLE

Cris de femmes dressées contre l'horreur.
Alger, 22 mars 1994.

POUR HICHEM, ZAHIRA

« C'est vrai qu'on semble être arrivé à un nouveau stade. Je ne sais pas si la peur est définitivement dépassée, mais en tout cas il y a une prise de conscience des dangers et des méfaits de l'intégrisme et une volonté de lui résister. Les femmes et les jeunes résistent beaucoup par la musique. Ils la mettent dans les voitures, sur les plages, partout. C'est devenu un défi... Comme la manière de s'habiller, de marcher, de se comporter au vu et au su de tout le monde : les filles, maintenant, osent fumer dans la rue, les garçons se baladent avec des canettes de bière, on voit des amoureux se tenir par la main. Ça m'a paru incroyable, mais ça m'a fait chaud au cœur. De penser que notre jeunesse réagit, qu'elle se bat, qu'elle veut vivre, je me dis que mon fils n'est pas mort pour rien. »

Zahira a les larmes aux yeux, comme chaque fois qu'elle parle d'Hichem. Hichem son fils, assassiné par balles sous ses yeux, le soir du 6 juin 1994 à Bachdjarah, devant l'immeuble où il rentrait avec sa mère, sa jeune sœur et son petit frère. Il avait vingt ans. Il était technicien du son, stagiaire à la radio. « A notre arrivée, ce soir-là devant chez nous, je n'avais jamais vu autant d'hommes dehors, rassemblés sur la grand place du parking. Mon fils, qui conduisait, a garé la voiture devant notre immeuble, faisant attention à ne heurter personne. Je descends en premier avec ma fille. Nous nous dirigeons vers la porte d'entrée, on monte quelques marches et j'entends des coups de feu. Je reviens en arrière, ma fille Asma me devance, des voisines descendent pour voir ce qui se passe. Et je vois ma fille crier, tenant la tête de son frère couché par terre. Les hommes du quartier, les soi-disant hommes, couraient en tous sens pour rentrer chez eux et les femmes prenaient leur place. L'une d'elles a eu le courage d'insulter les quatre tueurs. Ils lui ont montré tout un sac d'armes et ils ont crié " avec ça, on exterminera tous vos enfants. "

La peur est humaine, mais le courage aussi. « J'en veux à ces hommes qui n'ont rien fait alors qu'ils m'ont dit, après, qu'ils pressentaient qu'il allait se passer quelque chose : les quatre jeunes étaient là depuis le matin, dans leur voiture blanche. Ils voyaient bien qu'ils guettaient quelqu'un mais ils n'ont pas eu un geste pour essayer de les attraper, ni pour m'aider. Seules les femmes n'ont pas tremblé et m'ont aidé à porter le corps de mon fils. »

Plus d'un an après le drame, Zahira ne s'était pas remise de cette indifférence. « On vivait dans cette cité depuis 18 ans. Les voisins l'avaient vu grandir, c'était comme leur propre fils. Et ils se sont sauvés... Pourtant, la mort d' Hichem a fait beaucoup pour la prise de conscience des gens de la cité. Elle a fait tomber le masque du FIS, pour qui beaucoup de gens avaient voté. Avant, quand on apprenait un assassinat, les gens disaient : “ Ce n'est pas eux, c'est le pouvoir. ” Ou alors, ils trouvaient des excuses : “ C'est un journaliste, il avait peut-être écrit quelque chose de mal... ” Ou alors : “ C'est un policier, il les avait peut-être maltraité, il avait du tuer quelqu'un de chez eux. ” Ou encore : “ C'est un communiste, alors, vous comprenez... ” Mais Hichem ? Pourquoi Hichem ? Les gens n'en finissaient pas de se poser la question. Pourquoi lui ? Il était gentil, poli, bien élevé, il n'avait rien fait de mal. Il était comme nos enfants... D'ailleurs, ils ont bien dit qu'ils tueraient aussi nos enfants. »

« Je ne saurais jamais s'il avait reçu des menaces. Mais sa sœur m'a dit après que, trois jours plus tôt, il lui avait dit : “ Si ma mort pouvait faire comprendre, ne serait-ce qu'aux jeunes de la cité, le danger qui nous menace tous, je serais content de mourir. ” Pourtant, ajoute Zahira, je n'avais jamais pensé qu'il fut menacé. Je savais que nous étions, typiquement, une famille à risque : mon mari réalisateur de cinéma, ma fille étudiante aux Beaux-Arts, mon fils fou de musique et en stage à la radio nationale, moi-même travaillant au musée... On travaillait tous dans le milieu culturel. Tout ce que les intégristes détestent et qu'ils veulent extirper. Mais je tremblais surtout pour mon mari, et pour ma fille qui, comme moi, avait refusé de porter le *hidjab*, malgré les avis placardés par les intégristes dans l'entrée des immeubles de notre cité : “ Obligation est faite aux femmes et aux jeunes filles de porter le foulard à partir de telle date, sinon, c'est la mort ". Quelques temps après la mort de mon fils, le commissaire nous a dit que nous étions tous menacés, que nous devions partir au plus vite. Nous avons abandonné notre appartement. Le lendemain de notre départ, la porte a été forcée. »

« Désormais, toute ma vie est vouée au combat contre l'intégrisme. Je n'ai pas le droit de me taire. Mon fils me l'interdit. Lui, et tous les autres jeunes victimes du terrorisme. Ma seule arme est la parole, je continuerai de l'utiliser. Pour dénoncer ces assassins, pour qu'ils arrêtent de tuer. Tout le reste est secondaire. Le Code de la famille, les traditions religieuses, tout cela est dépassé, même si je sais que c'est lié. Il faut aller à l'essentiel : se battre contre eux, absolument. Et c'est aussi se battre pour les femmes. »

Zahira me tend une lettre écrite par sa fille Asma à la mémoire de son frère. « Notre dernière conversation avait pour sujet l'Algérie et il me disait : " Ne crains rien, sœur, tout va rentrer dans l'ordre ". Et, comme à son habitude, ses derniers conseils portaient sur les études : " Ta seule chance dans la vie, c'est les études. Ta seule arme, c'est les diplômes ", écrivait-elle. » Asma, avec les amis de son frère et d'autres jeunes dont les proches ont été assassinés[17], a créé une association dédiée à tous les jeunes Algériens victimes du terrorisme. Ils l'ont appelée « Hichem » .

---

17. Asma était étudiante à l'école des Beaux-Arts d'Alger dont le directeur, M. Aslah, a été assassiné avec son fils dans les locaux de l'école, devant les élèves.

Au coude à coude des femmes de tous âges et de toutes conditions sociales, voilées ou non, instruites ou analphabètes, résistent.
Alger, 22 mars 1994.

À examiner le mouvement des femmes algériennes au cours de ces dernières années, on s'aperçoit qu'il a conquis une sorte d'autonomie. Au moment de la mise en place du multipartisme, en 1989, on a assisté à une véritable explosion : des dizaines de partis (on comptait 53 partis politiques en 1992) et d'associations sont nés. Dans un premier temps, chaque parti a créé son organisation de femmes. Un peu sur le modèle ancien, celui qui avait prévalu pendant trente ans en Algérie où le parti unique, le FLN, avait ses « organisations de masse ». Une par catégorie : l'UNFA pour les femmes, l'UNJA pour les jeunes, l'UNPA pour les paysans, l'UGTA pour les travailleurs...etc. [18]

L'idée dominante, dans une société méditerranéenne où la mixité n'est pas dans les traditions, où le domaine de la femme est le foyer, était qu'il fallait pour les femmes des organisations spécifiquement féminines où elles seraient plus à l'aise pour militer que dans les partis politiques. En fait, sans l'avouer, c'était perpétuer l'idée que le champ du politique, de la vie de la cité, de la citoyenneté et du pouvoir, est le domaine des hommes.

Les femmes étaient très peu nombreuses, sinon absentes de la plupart des nouveaux partis. À l'exception notable de ceux qui existaient déjà clandestinement avant 1989, mais où elles restaient très minoritaires. C'était le cas du PAGS (Parti de l'avant garde socialiste) [19], mais aussi du

18. Elles avaient toutes en commun, depuis 1980 et l'adoption par le Congrès du FLN de l'article 120 d'être obligatoirement dirigées par des membres du parti unique, c'est-à-dire, caporalisées.

19. Au congrès de décembre 1990, on comptait 17 % de femmes parmi les militantes, six femmes sur 67 membres au comité central et une femme sur 11 au bureau politique. Le PAGS s'est dissout en 1993. Une partie de ses militants a formé le mouvement *Ettahadi*, d'autres ont créé le PADS (Parti pour une Algérie démocratique et socialiste).

PST (Parti socialiste des travailleurs) [20] et du FFS (Front des Forces socialistes)[21]. Le PT (Parti du travail, trotskiste), était - et reste - le seul a être dirigé par une femme, Louisa Hanoun, par ailleurs ancienne présidente de l'Association pour l'abrogation du Code de la famille.

Parmi les partis créés après 1989, le RCD (Rassemblement pour la culture et la démocratie) est sans doute celui qui compte le plus de femmes dans sa direction (quatre sur dix-huit). Tous ces partis ont présenté entre 6 (RCD) et 19 (PT) candidates aux élections législatives de 1991.... pour 430 sièges à pourvoir. Les partis islamistes offrent un cas de figure très particulier : le FIS (Front islamique du Salut) a revendiqué, dès sa légalisation, un grand nombre d'adhérentes, affirmant que les femmes constituaient 40% de sa base militante. Mais il n'avait aucune femme dans sa direction et n'a présenté aucune candidate aux élections législatives. S'appliquant à lui-même l'apartheid sexiste qu'il prône pour l'Algérie, il a deux organisations parallèles, l'une pour les hommes, l'autre pour les femmes. Il semble que, depuis sa dissolution en 1992, la responsable de la section féminine du FIS, connue sous le nom de Chérifa, ait été admise dans l'instance dirigeante clandestine du mouvement, le *Majliss ech Choura*[22].

L'autre parti islamiste important et toujours légal, le Hamas, compte, lui, des femmes dans sa direction (17 sur 85), ce qui n'empêche pas que lui non plus n'a pas présenté de candidates aux élections législatives.

Dans tous ces partis - démocratiques ou intégristes - la composante féminine a deux caractéristiques : son extrême jeunesse et un niveau d'instruction très largement supérieur à celui de la majorité des femmes algériennes[23] Entre le tiers et la moitié des militantes ont moins de trente ans et beaucoup ont fait, ou au moins commencé, des études supérieures. Ces caractéristiques ne se retrouvent pas forcément dans les associations féminines où l'on trouve au contraire des femmes venant de milieux beaucoup plus divers. « À l'origine, explique Meriem Derkaoui, du RAFD

20. 12 % de femmes parmi les militants et six femmes sur 29 membres au comité central.

21. Le parti d'Aït Ahmed compte cinq femmes sur les 30 membres de sa direction.

22. Voir l'étude de Caroline Brac de la Perrière dans le numéro spécial de la revue *Autrement* consacré à l'Algérie (N° 60). Elle y raconte que Cherifa, pour pouvoir se consacrer plus librement à la politique, a choisi pour son mari une deuxième épouse qui s'occupe du ménage et des enfants...

23. 75 % des analphabètes sont des femmes.

(Rassemblement algérien des femmes démocrates), les organisations de femmes ont toutes été plus ou moins liées à un parti politique. Par exemple, l'Association pour la promotion et la défense du droit des femmes était liée au PAGS. Mais il y a eu de très sérieux débats à propos du Code de la famille. Les partis, au début, estimaient impossible de réclamer son abrogation, considérant que cette revendication était trop ambitieuse compte tenu des mentalités et des traditions de la société algérienne. Ils se contentaient de demander certains amendements, comme l'abolition de la polygamie ou des aménagements du divorce. Cela a amené les femmes à créer des associations indépendantes qui se sont vite multipliées. C'est le cas du RAFD, de AITDF (Association indépendante pour le triomphe du droit des femmes), de l'Association pour l'émancipation de la femme ou du collectif Maghreb 95, créé par une ancienne dirigeante de l'UNFA, Doria Chérifati. »

Cette évolution a été d'autant plus rapide qu'elle a coïncidé, trente ans après l'indépendance de l'Algérie, avec l'arrivée massive sur le marché du travail d'une génération de femmes diplômées, instruites, décidées à prendre leur place dans la société. Or l'intégrisme menaçait de leur en interdire l'accès. Les femmes n'ont pas eu d'autre choix que de se battre. Les organisations féminines indépendantes sont un des moyens de ce combat. Elles ont réussi à rendre la question féminine incontournable.

« Aujourd'hui, estime Meriem, tous les partis semblent l'avoir compris et l'on entre dans une phase nouvelle : les femmes réalisent qu'elles doivent aussi dire leur mot sur le choix de société qu'affronte le pays. Pour cela elles doivent faire de la politique, essayer d'accéder au pouvoir. C'est le sens de l'engagement de femmes qui sont devenues des figures politiques de l'Algérie d'aujourd'hui. Elles parlent, agissent, occupent le devant de la scène, interviennent dans les médias. Certains hommes le leur reprochent. Moi, je dis que c'est bien, que c'est nécessaire et courageux. On a besoin de femmes qui ne se cantonnent pas dans le féminisme, de figures de proue. On n'en a pas eu depuis la guerre de libération. Quand elles passent à la télé, quand elles parlent dans les meetings ou les réunions, les autres femmes, même celles qui ne sont pas engagées, se sentent valorisées. Elles sont à nouveau fières d'être algériennes. On entend ce genre de réflexion : " Ce n'est pas possible qu'avec des femmes pareilles, l'Algérie en soit là." Même des hommes les admirent et j'en ai entendu dire en nous regardant manifester dans les rues et brandir le drapeau : " Heureusement que l'Algérie a ses femmes pour la sauver. " Cela a un effet d'entraînement formidable. Ça donne du courage aux autres. »

Il est en effet frappant de voir au coude à coude dans les manifestations, les meetings, des femmes de tous âges et de toutes conditions, voilées ou non, instruites ou analphabètes. Ma plus grande surprise, je l'ai eue à Alger, en 1994, en voyant sortir dans la rue pour une manif une de mes amies, Farida. Femme du peuple, veuve d'un *Chahid* [24], elle ne s'était jamais mêlée de politique. Musulmane fervente, respectueuse des traditions, elle ne sortait que couverte du *haïk* blanc, la voilette sur le nez. « Sinon, s'excusait-elle, j'ai l'impression d'être toute nue. »

Tout cela est bien fini. « Je suis tellement en colère contre les islamistes que, moi qui ai porté la voilette toute ma vie, je ne la mets plus et je vais à toutes les manifestations. Ces gens-là sont des charlatans. Ils n'ont rien à voir avec l'islam. Moi, je suis dans l'islam depuis que j'ai ouvert les yeux. Je fais mes cinq prières tous les jours, le ramadan tous les ans, je n'ai jamais bu une goutte d'alcool ni mangé le cochon. Je respecte ce que dit le Coran. Pas eux. Ils tuent et ils volent. Et en plus il disent qu'il font ça au nom de Dieu ! Quel mensonge ! Ils ne font que du mal. Ils s'en prennent aux jeunes, comme mon neveu. Il a quitté l'école et n'a rien fait pendant des années, sauf chaparder à droite et à gauche. Il est même allé en prison pour vol. Un beau jour, il est venu, c'est à peine si je l'ai reconnu. Il portait la barbe et le *khémis*. Il s'en est pris aux femmes de la maison et s'est mis à nous faire la leçon : " Vous n'êtes pas de bonnes musulmanes. Vous devez porter le *hidjab*, ne plus aller travailler. Et je vous interdis de serrer la main aux hommes, c'est un pêché. " Avec ça, il voulait que je lui donne de l'argent pour le FIS. J'étais folle de colère. Je l'ai jeté dehors. Depuis, plus question pour aucune de nous de porter le voile. On ne va pas se laisser faire par ces gens-là. Ils ont dit qu'ils voulaient débarrasser l'Algérie des voleurs qui la dirigeaient, mais ils ne s'en prennent qu'aux

---

24. *Chahid* signifie martyr. Nom donné aux combattants tombés pendant la guerre d'indépendance.

pauvres gens, aux femmes, aux innocents. Ils n'ont jamais touché à Chadli et à sa bande. Tout ce qu'ils veulent, c'est la place, et leur part du festin. Et ils osent parler de l'islam ! Ils seront les premiers en enfer. Ce n'est pas moi qui vais les suivre. Je vais à toutes les manifestations contre eux. Ils veulent nous faire peur, mais on en a vu d'autres, nous les femmes, en Algérie. On va continuer à se battre pour cette liberté qu'on n'a jamais eue. »

Chez cette femme du peuple comme chez beaucoup d'autres, la menace intégriste a provoqué un déclic, une prise de conscience. Elle est décidée à lutter au nom de l'avenir, pour préserver ses filles du sort que leur promet le FIS, mais aussi, au nom du passé, pour que son mari ne soit pas mort pour rien. Elle serait bien capable, comme la fameuse « tante Zohra », qui a pris récemment la tête d'un maquis du côté de Jijel, de prendre les armes.

Ce genre de réactions se multiplient. En août 1995, à Laghouat, une ville qui avait pourtant massivement voté pour le FIS en 1990 et 1991, des femmes ont réussi à empêcher l'enlèvement et le meurtre d'une jeune fille que des hommes du GIA étaient venus chercher jusque dans sa maison. Toutes les femmes du quartier sont sorties en poussant de terribles youyous et ont réussi à mettre les tueurs en fuite. Non loin de là, à Aflou, deux mois plus tard, elles sont toutes allées au cimetière pour l'enterrement des victimes d'un autobus mitraillé par le GIA qui se vengeait ainsi de leur hostilité. La chose peut paraître banale. Elle l'est moins quand on sait que, traditionnellement, les femmes n'assistaient jamais aux enterrements. Une tradition morte en 1993 à Oran le jour des obsèques du dramaturge Alloula : ce jour-là les femmes ont bravé la tradition et transformé les obsèques en manifestation. Elles ont recommencé maintes fois depuis. A Aflou, en octobre 1995, elles criaient toutes : « Où sont nos hommes ? » Une manière de les inviter à prendre leurs responsabilités et les armes pour combattre les terroristes.

Contremaîtresse dans une usine de maroquinerie ou « directeur financier » d'une entreprise de réparation navale, ces femmes défient quotidiennement les préceptes intégristes. Alger, février 1990.

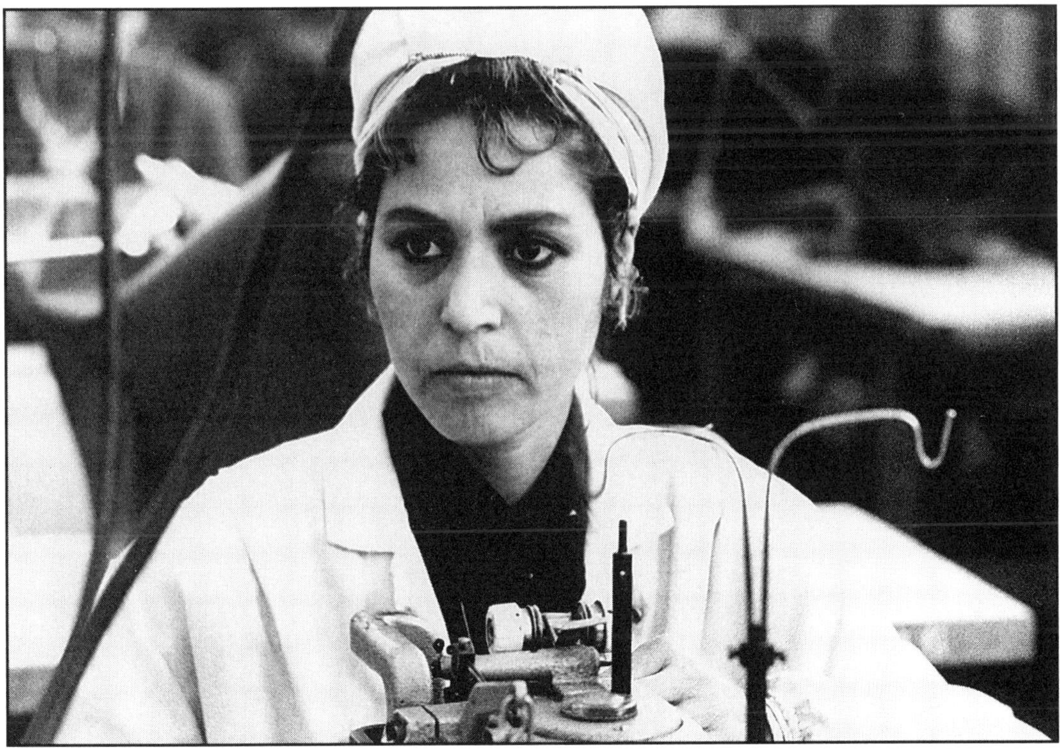

La peur dépassée, demeure la colère et le désir de liberté, inconnue aussi bien à la maison, dans la rue qu'à l'atelier. Alger, février 1990. Ouvrière sur sa machine.

LE MATIN

SAHARA OCCIDENTAL
IXe CONGRES DU FRONT POLISARIO
(LIRE EN PAGE 24)

LE DEVOIR DE VERITE

ISSN 1111-1100 - n° 1099 dimanche 13 août 1995 — Prix : 10 DA - France 5 FF

Ancienne journaliste au *Matin* et récemment à *Révaf*

Naïma Hamouda assassinée

Son corps a été retrouvé le 2 août à Saoula, mais n'a finalement été identifie que le 11 août par les services de sécurité. Naïma, qui a travaillé au *Matin*, a dû être atrocement mutilée avant d'être achevée par ses ravisseurs intégristes.

Le terrorisme a poursuivi ses crimes. A Gdyel, près d'Oran, des terroristes ouvrent le feu sur des civils qui fêtaient un mariage, tuant trois personnes. Et hier a Souidania, un attentat à la voiture piégée a fait douze blessés, près du bureau de poste du village. La violence intégriste, dirigée principalement contre des civils, ne connaît pas de répit.

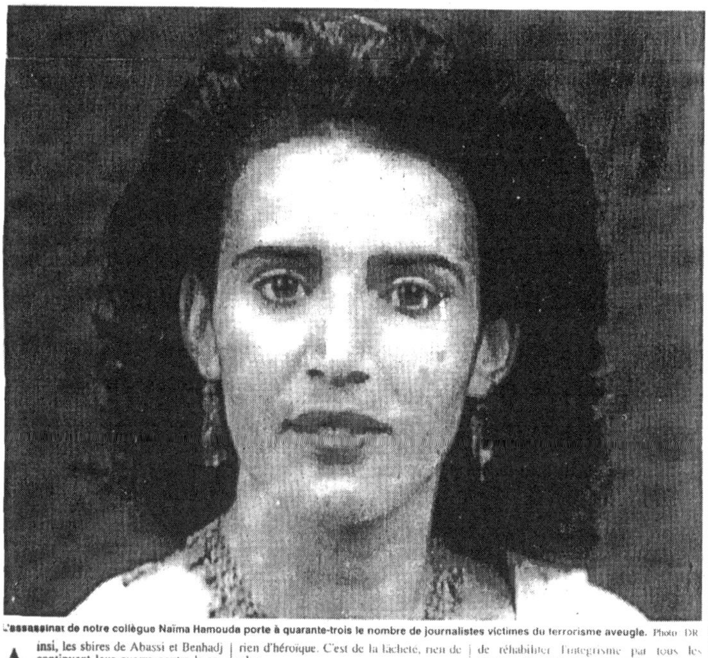

L'assassinat de notre collègue Naïma Hamouda porte à quarante-trois le nombre de journalistes victimes du terrorisme aveugle. Photo DR

Ainsi, les sbires de Abassi et Benhadj continuent leur guerre contre la société. Juillet et août ont été de ce point de vue particulièrement meurtriers. L'assassinat de Naïma Hamouda, dont le corps n'a pu être identifié que neuf jours après sa découverte, dénote l'acharnement bestial des groupes intégristes, lorsqu'une femme incapable de se défendre, tombe entre leurs mains sanguinaires.

S'attaquer à une famille qui fêtait le mariage de l'un des leurs et à leurs invités n'a rien d'héroïque. C'est de la lâcheté, rien de plus.

Les intégristes, leurs commanditaires et leurs alliés politiques, n'ont pas de quoi être fiers et ils n'arrêteront pas la roue de l'Histoire, même si ici ou là, on s'efforce de les récupérer, pour des fins de pouvoir et de sauvetage du système.

Les attentats meurtriers vont certainement se poursuivre au fur et à mesure du rapprochement des échéances présidentielles. Car l'objectif poursuivi reste celui de réhabiliter l'intégrisme par tous les moyens. Quant à ceux qui espèrent raisonner Abassi et ses amis, ils se trompent de pays et d'enjeu.

La guerre que livre l'intégrisme dépasse le stade d'une simple réhabilitation du FIS. Ils veulent faire plier la société pour édifier l'ordre totalitaire intégriste. Tout le reste n'est que politique politicienne.

L.M.

(Lire page 2)

Présidentielles : M. Zeroual a reçu Abdesselam, Benchérif et Bitat

Les discussions sur la mise sur pied des conditions techniques de la tenue du prochain scrutin présidentiel sont rentrées depuis hier dans leur phase d'exécution au siège de la Présidence de l'Etat.

Le président Zeroual a ainsi reçu au siège de la Présidence, dans l'ordre, MM. Abdesselam, Ahmed Benchérif et Rabah Bitat. Rien n'a filtré des discussions ayant eu lieu entre les anciens dirigeants du pouvoir FLN et la Présidence de l'Etat.

(En page 3)

Théâtre amateur : Clôture du 28e Festival national

Le rideau a été baissé jeudi dernier sur la 28e édition du Festival national du théâtre amateur de Mostaganem quelque temps après que la troupe d'El-Ichara eût présenté à un nombreux public un de ses hommages dédiés à [illegible] an ciens compagnons

(En page 24)

Enquête

Le Bâtiment à Oran : Diagnostic d'un marasme

Le terrible fardeau des découverts bancaires épongés par une simple écriture comptable de la Commision *ad hoc* du ministère de l'Habitat, l'augmentation fictive du capital des entreprises par un jeu d'écritures, des injonctions sous forme de plan de redressement en trois ans sans injection d'argent frais, des lourdeurs administratives qui retardent l'assainissement, bloquent l'accès aux crédits et aggravent le dysfonctionnement : autant de facteurs de déstabilisation du secteur du Bâtiment.

(En page 4)

Le Matin, 13 août 1995

EN PREMIÈRE LIGNE

Il est des femmes qui sont en première ligne d'une autre manière, parce qu'elles sont désignées comme cibles par des *fatwas.* C'est le cas des épouses de policiers et de militaires, que les intégristes ont mis en demeure de quitter leurs maris, considérés comme « apostats » ou de mourir. Selon les « normes islamiques » fixées par le FIS et les groupes armés, le pouvoir en place est « impie », voire « satanique ». Quiconque travaille pour ce pouvoir est donc automatiquement « apostat ». Comme une musulmane ne peut être l'épouse d'un non musulman, les femmes des agents de l'État, surtout des agents de la sécurité, doivent quitter leurs maris. Elles résistent généralement à ces injonctions, et c'est elles qui sont le plus souvent égorgées ou tuées dans les attentats visant les logements de fonction de leurs maris.

Autres cibles privilégiées : les enseignantes, les journalistes et les sportives. Il faut une dose de courage peu commune pour aller chaque jour au lycée ou à l'université quand on sait que des tueurs vous attendent peut-être au tournant pour vous abattre. Des milliers d'institutrices et de professeurs le font. Que dire du courage d'Hassiba Boulmerka, championne du monde du 1 500 mètres à Göteborg et qui, hurlant sa joie sur la ligne d'arrivée, a dédié sa victoire « aux femmes algériennes et à toutes les femmes du monde qui souffrent ». Elle en sait quelque chose, Hassiba, de la souffrance infligée aux femmes, elle à qui le FIS a voulu interdire la compétition sous prétexte que « s'exhiber en short, c'est montrer sa nudité au monde entier ». Un pêché qui mérite la mort car il fait des femmes « des suppôts de Satan, contribuant à la dépravation des bons musulmans qu'elles détournent de Dieu » (prêche intégriste de la mosquée de Kouba le lendemain de la médaille d'or d'Hassiba à Barcelone, en 1992).

Pour Hassiba, le tour de piste qu'elle a fait, hurlant toujours, drapeau algérien haut levé, avait un sens très fort : c'était un défi à ceux qui veulent interdire le sport aux femmes mais surtout, un cri d'amour pour son pays. Quand on lui parle de son courage, c'est d'ailleurs tout juste si elle ne se met pas en colère. « Je ne suis pas une exception, dit-elle. En Algérie, il y a des centaines de femmes qui courent en short, comme moi, et des milliers d'autres qui vont à la plage en maillot de bain. Même si les gens ont peur, la vie continue. Les gens travaillent, les sportifs s'entraînent, les médecins soignent. » Elle s'implique profondément dans la vie sociale de l'Algérie où elle a créé une association, « Algérie Solidarité », pour venir en aide à ceux que la crise actuelle a marginalisés : handicapés, chômeurs, femmes en détresse et surtout aux jeunes, nombreux à être déboussolés et livrés à eux-mêmes, sans perspective d'avenir et souvent sans espoir. Elle a activement participé en novembre 1995 à la campagne électorale du président Zeroual.

Comment ne pas parler des femmes journalistes qui paient, elles aussi, un lourd tribu à l'intégrisme. Sur les cinquante-trois journalistes assassinés en deux ans, entre août 1993 et septembre 1995, on compte sept femmes. Mais combien se sont exilées après avoir subi le harcèlement de menaces incessantes ou échappé à des tentatives de meurtre ? Deux cent journalistes ont quitté l'Algérie au cours des trois dernières années. Une bonne partie d'entre eux ont été contraints à l'exil par les pressions conjuguées des terroristes et du pouvoir qui a multiplié pressions, censures, suspensions de titres [25].

Il faut lire le terrible récit de Nina Hayat ou le livre de Malika Boussouf [26] pour avoir une petite idée de ce qu'est la vie d'une journaliste algérienne au temps du terrorisme. « Il faut, dit Malika Boussouf, réapprendre à vivre pour survivre. Ne dire à personne où l'on va. Ne pas se retourner dans la rue quand on vous appelle car c'est peut-être un tueur qui veut vous identifier. Ne pas craquer quand le téléphone sonne en pleine nuit et qu'une voix, au bout du fil, vous récite des versets du Coran. Il

25. Voir le livre de Lazhari Labter : *Journalistes algériens, entre les balles et le bâillon*. L'Harmattan.
26. Le livre de Nina Yayat *La nuit tombe sur Alger la Blanche*, publié aux Éditions Tirésias, est préfacé par Edmonde Charles Roux. Celui de Malika Boussouf, *Vie traquée* est publié chez Calmann-Lévy.

faut même se méfier des enfants : des gosses de douze ans vous « choufent » (guettent) pour une dose de drogue. » Malika, si elle vient de temps en temps « souffler à Paris » a néanmoins choisi de continuer à « vivre et travailler au pays » .

L..., journaliste indépendante d'Oran, se fâche quand on lui demande comment elle fait. « Je fais comme tout le monde. Je vais à mon travail et je fais mon métier. À Oran, comme ailleurs en Algérie, les enseignantes enseignent, les femmes au foyer font leurs courses et les journalistes font des reportages. Qu'est-ce que vous voulez qu'on fasse d'autre ? Qu'on leur abandonne le pays ? Sûrement pas. On l'aime trop. On ne peut pas s'en passer. Moi, quand je pars huit jours, je brûle de rentrer. Et je n'ai rien changé à ma vie. J'habite toujours seule dans une cité, je m'habille comme j'aime m'habiller. Cet été, j'allais même au bureau en bermuda tellement il faisait chaud. Et après ? Mourir pour mourir, autant vivre comme je le veux et servir à quelque chose. Ça n'empêche qu'on en a marre de toute cette violence, de cette haine et de ce sang. On a surtout peur pour les autres, les amis, ceux qu'on aime. À Oran, on a eu deux électrochocs : la mort d'Alloula et celle de Cheb Hasni. On ne veut qu'une chose : qu'ils arrêtent de tuer. »

Pour les journalistes de la presse officielle, radio et télé, les choses sont encore plus difficiles. Elles sont ciblées par les terroristes en tant que femmes, en tant que journalistes et en tant que porte-voix du pouvoir, qui les soumet à un contrôle permanent et à la censure. « C'est surtout cela qui m'a fait craquer, plus sans doute que la tension due aux menaces terroristes dit S..., une journaliste de radio qui a fini par quitter son poste. J'étais menacée, mais pas plus qu'une autre. Ce que je n'ai pas supporté, c'est d'être tout le temps prise entre deux feux. D'un côté la pression des terroristes, de l'autre celle du pouvoir qui censure les informations et va jusqu'à nous imposer les termes qu'il faut utiliser selon ce qui l'arrange. Ainsi, quand on parle des islamistes tantôt il faut dire “ GIA ”, tantôt “ groupes armés ”, tantôt “ terroristes ”, tantôt “ criminels ”, selon l'état des contacts entre le pouvoir et le FIS. C'était insupportable d'être ainsi réduit au rôle d'instrument, de ne pas pouvoir exercer sa profession d'informer de façon responsable et indépendante. »

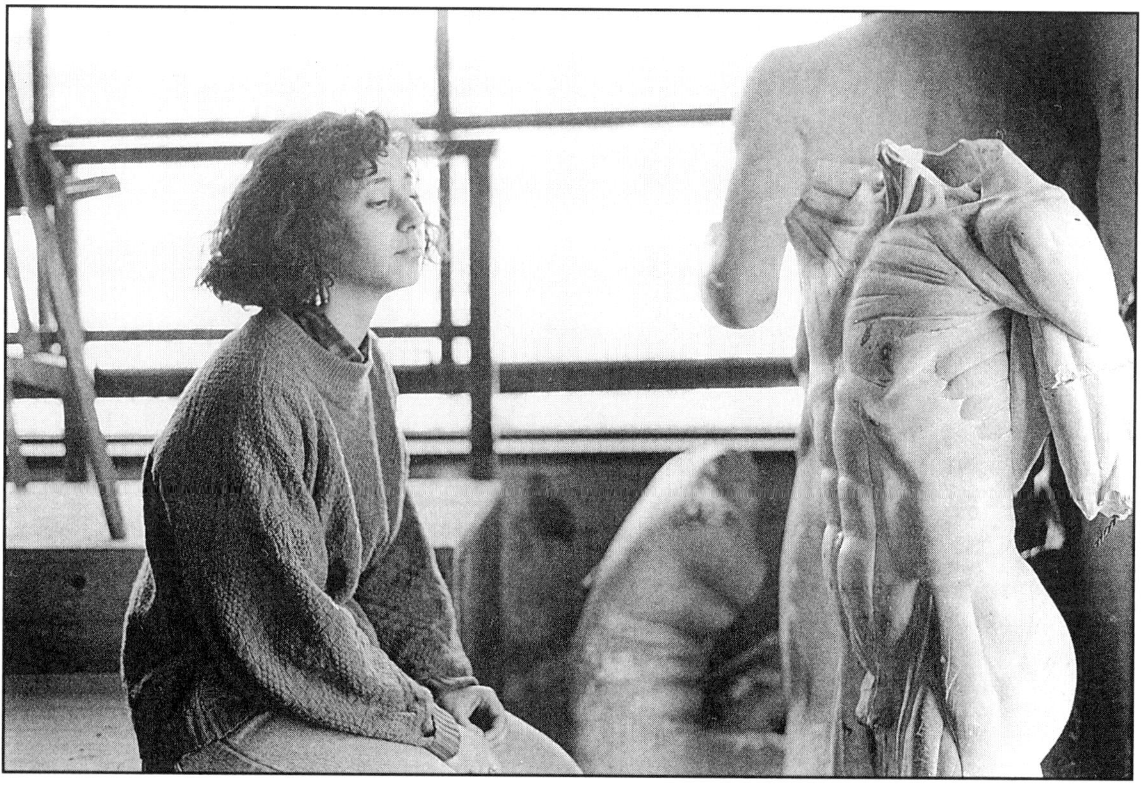

Aujourd'hui le regard des hommes sur les femmes est en train de changer. Et celui des femmes sur les hommes ?
Alger, 1995. Étudiante aux Beaux-Arts.

UN HOMME PARLE DES FEMMES

« Sans les femmes, je crois que les islamistes auraient déjà gagné. Elles sont formidables. Franchement, je crois que nous, Algériens, ne méritons pas les femmes que nous avons. Elles ont été mille fois plus courageuses que nous. Et dans tous les domaines. Elles sont capables de se battre contre leur famille pour épouser l'homme qu'elles aiment. La plupart des garçons en sont incapables et plient finalement devant la famille et la tradition, épousant celle qu'on a choisie pour eux en abandonnant celle qu'ils aiment. Elles se sont soulevées les premières contre l'intégrisme parce qu'elles avaient compris le danger les premières. Elles ont résisté, et maintenant, quoi qu'il arrive, n'importe quel pouvoir devra compter avec elles. » Celui qui parle ainsi - je tairai son nom pour ne pas faire d'un ami une cible de plus pour les terroristes - est un cadre d'une quarantaine d'années, pas particulièrement engagé dans la politique, mais progressiste et profondément patriote. Je le connais assez bien pour savoir qu'il le pense du fond du cœur.

Ce qu'il dit, j'ai entendu ces derniers mois beaucoup d'Algériens, célèbres ou anonymes le dire aussi et, parfois, faire publiquement amende honorable. Ainsi le dessinateur Slim disant à Khalida Messaoudi : « Quand vous vous battiez contre le Code de la famille en 1981, nous les hommes soit disant progressistes, on rigolait. On aurait mieux fait de se battre avec vous. On n'avait rien compris. »

Aujourd'hui, le regard des hommes sur les femmes est en train de changer. « Ils regardent une fille en minijupe ou en caleçon plutôt comme une résistante que comme une moins que rien » dit Leila, créatrice de mode à Alger, qui avoue son admiration pour ses ouvrières : « Elles viennent travailler chaque jour et prennent l'autobus sans voile. Au lieu de nous insulter, comme avant, les hommes nous regardent avec admiration. Ils pensent " quel courage ! " Et quand ils nous voient défiler, voilées ou pas, avec le drapeau algérien, ils applaudissent. »

Certains hommes vont plus loin et remettent en cause leur attitude sexuelle à l'égard des femmes, estimant qu'elle est la source de bien des frustrations et explique en partie la folie criminelle des intégristes. « D'après une étude statistique faite par une gynécologue, 96 % des femmes n'ont jamais eu de plaisir avec leur mari, raconte Ali, médecin. Cela s'explique facilement par l'attitude des hommes. Ils font souvent l'amour sans se déshabiller ni déshabiller la femme, sans préliminaires, sans tendresse. Ils pénètrent la femme, jouissent et se retirent. Cela tient aux conditions de vie, aux logements surpeuplés mais cela tient aussi aux traditions et aux mentalités. On a appris aux garçons qu'ils devaient prouver leur virilité et procréer, pas se livrer à des jeux amoureux, car ce serait traiter leur épouse comme une " fille ". En fait, c'est du mépris déguisé en respect. L'islam n'y est pas pour grand chose car le Coran, au contraire, dit que la femme aussi a droit au plaisir : " Quand vous approchez votre épouse, n'allez pas vers elle comme un oiseau, mais soyez lent et prolongez le plaisir " a dit Mohamed, et il considérait la pénétration brutale comme une forme de cruauté à l'égard de la femme. Je pense que la dégradation des relations entre les sexes est un des résultats de la décadence de la civilisation arabe depuis le XIVe siècle. Avant, il y avait eu, dans l'islam aussi, l'amour courtois, des femmes poètesses, des philosophes. Après, la civilisation s'est dégradée et le monde arabe s'est enfoncé dans la barbarie. L'attitude des intégristes à l'égard des femmes en est l'expression extrême. »

La barbarie intégriste ne menace pas seulement les femmes algériennes. Elles le savaient déjà avant la Conférence de l'ONU sur les femmes de Pékin. Mais celles qui y sont allées ont réalisé l'existence d'une « internationale intégriste ». « C'est ce qui nous a le plus frappé, là-bas, dit Malika Remaoun, responsable de l'AFEPEC d'Oran. La présence d'une internationale intégriste forte, organisée, disposant d'énormes moyens. Son centre est l'Iran. C'est le régime iranien qui dirigeait les activités des bataillons de femmes voilées qui ont, tout au long de la conférence, tenté d'empêcher nos manifestations, nos réunions. L'Iran et le Soudan, dont la délégation était dirigée par la femme d'Hassan el Tourabi, chef de l'Internationale islamiste [27]. Elles distribuaient cassettes de propagande et journaux gratuits. Elles défendaient ce qu'elles appellent " la fonction naturelle de la femme dans la société ", une conception dans laquelle la femme n'existe et n'agit que pour l'homme, son plaisir, son bien-être et pour produire de bons musulmans. Elles s'en prenaient sans cesse à nous, nous accusant de déformer l'islam et présentant les hommes comme nos victimes. Elles ont essayé de nous empêcher de réunir le Parlement des femmes : nous l'avions préparé depuis trois ans au sein du Collectif Maghreb 95 Égalité, qui réunit des femmes de Tunisie, du Maroc et d'Algérie. Nous avons tenu bon et réussi à présenter notre plate-forme qui est en quelque sorte un contre-code de la famille. L'autre chose que nous avons comprise est qu'il ne faut plus situer notre combat par rapport à l'islam, car c'est tomber dans le piège que nous tendent les intégristes. Nous devons nous battre pour des

27. Le numéro deux en est Mafhoud Nahnah, chef du parti Hamas, qui a obtenu 26 % des voix à l'élection présidentielle du 16 novembre 1995.

valeurs universelles auxquelles nous avons droit comme n'importe quel individu dans le monde. Et remettre l'islam à sa place : celle d'une religion, c'est-à-dire d'une affaire privée qui doit rester du ressort de la conscience de chacun et de chacune sans jamais déborder sur le politique. »

Ouarda était aussi à Pékin, dans la délégation de l'Union des femmes françaises. D'origine algérienne, elle se reconnaît dans le combat des femmes de son pays natal. « Les femmes algériennes étaient à la pointe de la lutte contre l'intégrisme, dit-elle, non sans fierté. Elles étaient toujours au premier rang, et elles ont réussi à faire passer leur message, mais ça n'a pas été facile. On a toutes réalisé qu'il y avait une montée terrible de l'intégrisme. Il y avait une forte délégation de femmes voilées et parmi elles, beaucoup d'Américaines, de Britanniques à côté des Iraniennes, des Soudanaises et des Yéménites. Elles étaient omniprésentes, très agressives et travaillaient souvent en coordination avec le Vatican et des organisations comme *Pro-Life*. Cette conjonction m'a paru très inquiétante pour l'avenir, surtout dans une conférence qui était sensée faire avancer les droits des femmes. Le modèle islamiste a souvent été présenté comme une alternative au modèle occidental considéré comme un des moyens de pénétration du néocolonialisme. C'est préoccupant. »

Malgré tous les obstacles rencontrés, les femmes algériennes ont réussi, à Pékin, à donner un retentissement international au combat qu'elles mènent en première ligne contre l'intégrisme. La plate-forme qu'elles avaient préparées en coopération avec les autres femmes du Maghreb a pu être présentée, discutée et adoptée. Le texte insiste sur la primauté nécessaire du respect des Droits de la personne humaine et des valeurs universelles. L'égalité entre homme et femme en est un élément déterminant. Sans elle, il ne peut y avoir de véritable accès à la citoyenneté, donc, ni développement, ni progrès.

Le texte place au centre du combat des femmes, leur lutte pour l'égalité dans la sphère familiale et personnelle car : « L'infériorité juridique de la femme au sein de la famille est à l'origine des discriminations dont elle fait l'objet dans la sphère publique. » Or, note-t-il, dans l'ensemble du Maghreb, l'application du droit musulman classique a figé toute évolution dans ce domaine alors qu'une modernisation de la société s'opérait dans tous les autres. Aujourd'hui encore, c'est la tradition ou la *Charia* qui reste la référence essentielle avec notamment - excepté en Tunisie - la reconnaissance de la polygamie et le maintien d'un statut de mineures pour les femmes. Cela en violation du droit et des conventions internationales et souvent même, des constitutions en vigueur.

Le Collectif Maghreb 95 réclame donc une évolution urgente de la législation qui « sécularise enfin le droit de la famille » et le mette « en conformité avec les normes internationales dont les fondements sont égalité, liberté et non-discrimination ». Les femmes demandent notamment l'abolition de la notion de chef de famille et du devoir d'obéissance à l'époux, le droit pour la femme de prendre en charge l'entretien de la famille, l'interdiction de la polygamie, l'égalité face au divorce, à l'héritage, le droit à la reconnaissance de la filiation naturelle et adoptive, le droit pour la musulmane d'épouser un non musulman.

Autant de revendications qui paraissent fort raisonnables mais dont on a vu, tout au long des récits et des témoignages qui composent ce livre, qu'ils ne vont pas encore de soi dans l'Algérie d'aujourd'hui.

Une mère et ses filles se reposent. Le bonheur est dans le pré.
Haute-Kabylie, 1992.

FAISONS UN RÊVE...

À y regarder de plus près, la polygamie mise à part, toutes ces bastilles qui restent à prendre pour les Algériennes, n'ont-elles été l'objet de longs et difficiles combats que de ce côté de la Méditerranée ? Il n'y a pas si longtemps que les femmes votent en France, que l'autorité du *pater-familias*, consacrée par le code Napoléon, a été abolie au profit de l'autorité parentale, le délit d'adultère féminin effacé de l'arsenal juridique, le divorce par consentement mutuel autorisé et le droit de disposer de leur corps en acceptant ou en refusant librement la maternité reconnu aux femmes de notre pays. Et pourtant, il n'est pas musulman...

À voir le combat des femmes d'Algérie, leur résistance, la manière dont elles ont réussi à s'imposer, à prendre la parole, à occuper le devant de la scène, chez elles d'abord, mais aussi au-delà des frontières, on se prend à rêver d'un étrange paradoxe. Et si l'obscurantisme intégriste en tentant de les bâillonner par les moyens les plus barbares, ne réussissait qu'à hâter leur rébellion, entraînant une prise de conscience de la société algérienne toute entière ?

Ce qui s'est passé en Algérie à l'occasion de l'élection présidentielle du 16 novembre 1995 tend à montrer que ce rêve n'est peut-être pas aussi fou qu'il le paraît. Le FIS [28] avait intimé l'ordre au peuple algérien de boycotter le vote, premier scrutin présidentiel pluraliste depuis l'indépendance. Les Groupes islamistes armés, eux, promettaient le cercueil à ceux et celles qui oseraient se rendre aux urnes. Ils avaient multiplié dans les semaines précédant l'élection assassinats et attentats à la voiture piégée. Au point que l'on se demandait si le vote aurait lieu, si les citoyens oseraient défier les barbares.

28. Le FLN, le FFS et le PT (Parti du travail), alliés au FIS depuis le *Contrat de Rome* signé en janvier 1995, appelant également au boycott.

Ils l'ont fait, au-delà de toute espérance. Le peuple algérien s'est rendu massivement dans les bureaux de vote : le taux de participation dépasse les 75 % alors qu'il n'avait été que de 56 % aux élections législatives de 1991. Dans ce défi lancé par tout un peuple au terrorisme et à l'intégrisme, les Algériennes ont tenu toute leur place, une fois encore en première ligne. Jamais on n'avait vu tant de femmes aller voter. Souvent par groupes, familles entières, amies, voisines, pour se sentir plus fortes, se donner mutuellement du courage. Avec ou sans l'assentiment des hommes de la famille.

Pendant la campagne électorale, déjà, les femmes avaient montré qu'elles étaient désormais incontournables. Présentes dans les meetings comme dans les états-majors de campagne, même dans celui du candidat islamiste Mafhoud Nahnah, elles ont obligé tous les candidats à se prononcer sur le statut de la femme, à dire leurs intentions à l'égard du Code de la famille. Seul Saïd Sadi, appuyé par Khalida Messaoudi, s'est prononcé pour son abrogation. Mais tous ont promis sa révision et Mafhoud Nahnah a même parlé d'organiser un référendum sur la question. Démagogie sans doute, mais il est significatif qu'il se soit senti obligé d'aller jusque-là.

Tous les observateurs, même les plus réticents à l'égard de cette élection, ont du se rendre à l'évidence : le peuple algérien, par son vote, a dit haut et fort son rejet du terrorisme, de la violence islamiste. Surtout, il a montré qu'il avait dépassé la peur. L'admirable combat des femmes a pesé lourd dans cette victoire. Il ne faut ni en exagérer, ni en sous-estimer la portée : c'est le premier pas d'un combat pour la démocratie qui promet bien d'autres batailles, tout aussi difficiles. Mais on peut faire confiance aux femmes algériennes, instruites par l'expérience douloureuse qui est la leur, pour ne pas baisser la garde.

« Si vous donnez la connaissance à un homme, vous instruisez une génération. Si vous donnez la connaissance à une femme, vous instruisez une nation », écrivait au XIVe siècle le grand historien maghrébin Ibn Khaldoun, inquiet de voir la civilisation musulmane régresser, se replier sur un conservatisme étroit. Ce que les femmes algériennes ont appris dans le combat qu'elles mènent contre l'intégrisme et la barbarie, la société algérienne toute entière en bénéficiera sans nul doute. Et au-delà, il est permis de l'espérer, toutes les sociétés musulmanes qui ont aujourd'hui, comme nous, les yeux tournés vers l'Algérie.

A quoi rêve une jeune fille algérienne ?
Près de Tizi Ouzou, 1990.

QUELQUES POINTS DE REPÈRES

- **683** : Conquête de la Berbérie par les Arabes. Début de l'islamisation.
- **29 avril 1827** : Le dey d'Alger donne un coup de chasse-mouches au consul de France ce qui servira de prétexte à la colonisation.
- **14 juin 1830** : Débarquement du corps expéditionnaire français dans la baie de Sidi-Ferruch.
- **5 juillet 1830** : Prise d'Alger.
- **14 août 1843** : Le général Bugeaud défait l'armée d'Abd el Kader.
- **21 novembre 1848** : La Constitution française déclare l'Algérie territoire français.
- **1914** : Les Algériens participent à la guerre. Début de l'émigration d'ouvriers algériens en France.
- **10 février 1943** : Ferhat Abbas rédige le *Manifeste du peuple algérien.*
- **8 mai 1945** : Soulèvement nationaliste dans le Constantinois à partir de Sétif et de Guelma. Répression sanglante.
- **1er novembre 1954** : À travers une série d'attentats, déclenchement de l'insurrection algérienne.
- **22 octobre 1956** : L'avion qui transporte les chefs du FLN, dont Ahmed Ben Bella, est dérouté sur Alger.
- **13 mai 1958** : A Alger, l'armée française prend le pouvoir et constitue un « comité de salut public ». Son président, le général Massu fait appel au général De Gaulle.
- **19 septembre 1958** : Le FLN forme, au Caire, le Gouvernement provisoire de la République algérienne (GPRA).
- **10 avril 1961** : L'Organisation de l'armée secrète (OAS) revendique une série d'attentats.
- **21 avril 1961** : Putsch à Alger.
- **18 mars 1962** : Des accords de paix sont conclus à Évian.
- **1er juillet 1962** : Lors du référendum d'autodétermination en Algérie, l'indépendance est approuvée par 99,72 % et proclamée deux jours plus tard.
- **20 septembre 1962** : Élection d'une Assemblée nationale constituante qui désigne Ben Bella comme chef du premier gouvernement algérien.
- **15 septembre 1963** : Ben Bella devient par référendum, président de la République.
- **Avril 1964** : Premier congrès du FLN.
- **Mars 1965** : Les *moudjahidate* et les membres de l'UNFA manifestent contre un projet de Code de la famille.
- **19 juin 1965** : Le coup d'État dirigé par Houari Boumediene écarte Ben Bella et l'extrême-gauche du FLN. Boumediene est élu président de la République la même année.
- **25 avril 1967** : Une tentative de putsch organisée par le colonel Zbiri est déjouée.
- **1973** : Nouvelle tentative, cette fois menée par Boumediene de ressortir le projet de Code de la famille. De nouveau face à l'hostilité des femmes, le projet est enterré.
- **27 décembre 1978** : Le président Boumediene meurt. Le colonel Chadli Bendjedid le remplace en janvier 1979.
- **11 mars 1980** : Début de manifestations en Kabylie : Le *printemps berbère.*
- **5 juin 1983** : Le congrès du FLN approuve le Code de la famille qui place la femme sous tutelle. Il sera voté un an plus tard par l'Assemblée nationale.
- **6 octobre 1988** : L'état de siège est décrété dans l'Algérois à la suite de sanglantes émeutes.
- **23 février 1989** : La constitution approuvée par référendum autorise le multipartisme.
- **14 septembre 1989** : Le gouvernement légalise le Front islamique du salut (FIS).
- **26 décembre 1991** : Le FIS remporte le premier tour des élections législatives.
- **11 janvier 1992** : Le président Chadli démissionne. Un Haut comité d'État (HCE), avec à sa tête Mohamed Boudiaf, est mis en place. Les élections législatives sont annulées.
- **9 février 1992** : L'état d'urgence dans tout le pays est instauré.
- **4 mars 1992** : Le gouvernement dissout le FIS.
- **29 juin 1992** : Le président Boudiaf est assassiné à Annaba.
- **15 juillet 1992** : Le tribunal militaire de Blida condamne Abassi Madani et Ali Benhadj à douze ans de réclusion.
- **21 septembre 1993** : Les premiers étrangers - deux géomètres français - sont retrouvés assassinés en Algérie.
- **31 janvier 1994** : Le général Liamine Zeroual est nommé chef de l'État.
- **16 novembre 1995** : Parmi quatre candidats, dont Saïd Sadi qui se présentaient, Liamine Zeroual est élu président avec 61 % des voix.

Photos de Nadia Benchallal et de Joss Dray

Nadia Benchallal : Couverture et pages 6/7, 11, 12, 16, 20/21, 22 (bas), 27, 34/35, 46, 49, 62, 67, 80, 92 (haut et bas), 96, 98/99, 100 (bas), 104 (haut), 116, 122/123.

Joss Dray : Pages 22 (haut), 39 (haut et bas), 42 (haut et bas), 43, 54, 60/61, 74, 77 (haut et bas), 86 (haut et bas), 96, 110 (haut et bas), 111, 126.

DR : Pages 5, 70, 100 (haut), 104 (bas).

Achevé d'imprimer par Corlet, Imprimeur, S.A.
14110 Condé-sur-Noireau (France)
N° d'Éditeur : 4964 - N° d'Imprimeur : 14753 - Dépôt légal : janvier 1996

Imprimé en C.E.E.